芦澤先生と読む
名言・格言・大迷言！

Tadashi Ashizawa

翼学院学院長
慶應義塾大学SFC研究所上席所員
芦澤唯志

産学社

はじめに

本著は平成二八年からスタートした、かつしかFM番組「芦澤先生の名言・格言・大迷言！」への「いつも手元に置いて苦しいとき、悲しいとき、勇気が欲しいときに開きたい」というご要望にお応えして出版した書籍です。ただ過去の名言を採り上げるだけでなく、泥臭く人間臭い解釈やユーモアや風刺というエッセンスを加えてお届けしました。

かつしかFMはその名の通り東京都葛飾区にあります。葛飾区は「男はつらいよ」の寅さん、「こちら葛飾区亀有公園前派出所」の両さんで知られる人情の街です。そんな葛飾に約十五年前、私は流れ着くように住み始めました。本著のプロフィールにある亡父の自殺未遂、自らの家庭崩壊（三歳の娘との離別）、幼児期からあるＡＤＨＤ（注意欠陥多動性障害）や双極性障害に耐えかね「もう生きていくのが辛い。最後に娘とよく観ていた寅さんの街で生活して人生を終えよう」と考えて、生活保護一歩手前の状態で私は葛飾に住み始めました。そんな私を下町の葛飾の人々は温かく迎えてくれました。

だからちょっとだけ頑張ってみる気力が生まれて、発達障害の子供たちを支えるボランティアを始めました。たくさんの子供たちと保護者さんが私を必要としてくれていることを感じました。急性膵炎で生死を彷徨った時にも、たくさんの子たちに励ましてもらいました。その中に社会不適応で両親からも虐待を受けて学校に通えなかった子からの「先生のお陰でマラソン大会完走したよ。今度は先生が頑張る番だよ！」という手紙がありました。保護施設に送られる寸前で家族が再生して、学校にも行けるようになったのです。私は病院の大部屋で人目をはばからずに泣きました。「生きていてよかった。頑張るよ！」って子供たちに誓いました。

翼学院は葛飾区水元（最寄り駅から徒歩三十分！）の居酒屋の裏の十畳足らず、在塾生十名足らずの塾としてスタートしました。当時の私の一日は居酒屋の酔客の残存物の片づけから始まりました。子どもたちへの恩返しのつもりで始めた小さな塾だったのですが「学校がさじを投げた子の救世主」と評判になり、一年で在塾生が百名を超えました。翼学院の卒塾生の進路は宇宙開発研究者、起業家、芸術家など多様です。漢字を書くことや計算はできないけれどもお花屋さんで優れた感性を発揮している子もいます。

翼学院が四校舎となってマスコミや教育界でも評判となり、前著『1か月で偏差値20伸ばす芦澤式学習法』を読んだ全国の保護者さんから「私の街にも翼学院を作ってほしい』という声をいただくようになりました。しかし翼学院は手作りの教室ですので、全国展開なんてとてもできません。そんな時にかねてから応援してくださっていた、かつしかFMの佐々木啓子局長（人情味あふれる名アナウンサー）から「ラジオを使って子供たちだけでなく、全国の大人も励まし応援する番組を始めてみませんか」というオファーを頂きました。私を救ってくれた葛飾の皆さんに恩返しをしたい、インターネット・ラジオを通じて全国の悩んでいる皆さんに少しでもメッセージを届けられたら、と始めたのがこの番組です。

現在、僭越ながら私はプロフィールには書ききれないほどの公共性のある肩書を持ち、翼学院はマスコミでも頻繁に取り上げられています。でも実は私自身、いつも自らの障害を抱え苦しみ、悩み、迷っています。後悔することだらけの人生です。ブレない経営者どころではなく立っていることだけで精一杯です。かつしかFMの佐々木局長、地域の先輩方……喜怒哀楽が激しく浮き沈みが激しい私を見限らず長くお付き合いいただいています。私がささやかな社会貢献ができているとすれば「人」の支えがあってのことです。

もう一つの支えは「書」です。苦しくなったら書に助けを求めます。私の亡くなった父は街の製本屋の親父だったので、本だけは家にたくさんありました。喘息持ちの私の唯一無二の親友は本でした。父は短気で暴力的で私は殴られて育てられたので、ずっと恨んでいましたが、今思い返してみると製本の機械の油にまみれて必死に私を育ててくれました。お陰で本は私の生涯の友となりました。

万感の思いを込めて本書を皆様にお送りします。本書を手元に置いて、友としてくだされば これに勝る喜びはありません。生きることは苦しいことが多いです。でも少しでもその苦しみが軽減されて、皆さんの笑顔が見られることを願っています。「人生はトントン、良いことも悪いことも皆に公平に訪れる」私を育ててくれた義母が残した名言です。

二〇一九年新春

翼学院グループ 慶應義塾大学SFC研究所上席所員 **芦澤唯志**

芦澤先生と読む

名言・格言・大迷言！

目次

カバーデザイン：冨澤 崇（EBranch）
DTP：㈱ティーケー出版印刷

第1章 生きることの困難さに直面したとき

悲しまなければ、精神的な発育が止まる。

稲垣足穂《たるほ》（日本の小説家）

人間も長く生きていると、悲しいこともたくさんあります。自分でコントロールできることについては対処の仕方はありますが、自分自身ではどうにもならない悲しみに直面することもあります。そんなときに、この格言はじわじわと効いてきます。

文学少年だった私ですが、恥ずかしながら稲垣足穂さんという作家を存じ上げていませんでした。一九〇〇年生まれの男性で、自身が営む事業の倒産、アルコール中毒、家賃の未払いで住所を転々とするなど、壮絶な人生を歩んでこられた方のようです。世の中に対する憤りを感じていて、作風も気質も攻撃的な方と評されているようです。そんな足穂さんにとって、悲しみは成長の糧と思っていないとやってられなかったことと思います。

喜怒哀楽は、人間以外の動物でも持つ感情です。犬はうれしい感情をしっぽを振って表しますし、怒りは吠えて表します。でも、喜怒哀楽を蓄積していって成長できるのは人間だけでしょう。例えば、怖い思いをすると、それを避けて防御的になることは動物でもあるので、喜怒哀楽が成長に何らかの影響を与えることはあると思います。でも、喜怒哀楽を乗りこえて動じない気持ちを持つ、悟りの境地に至るというのは、人間以外では到達できない地点なのでしょう。

喜怒哀楽をかみしめて、一歩ずつ、ときには立ち止まり、人生を歩んでいき、「お疲れ様、もういいよ」って、神様や仏様から言われたときに、人は天に召されるのだと思います。ゴールが天に召されることならば、何のために精神的な発育をさせていくのか。仏教でいえば輪廻転生して来世によりよく生きるため、キリスト教でいえばキリストに近づくため、様々な考え方があると思います。

でも、その拠り所とする宗教や思想を問わず、人間は喜怒哀楽をかみしめて、人生を進んでいきます。自分の感情についてわからなくなってしまったとき、また、「何で?」と感じるようなときには、足穂さんの格言のように、精神的に発育しているんだと考えるのもひとつですし、それでも意味がわからないときには、自分自身をそっとしておくのもひとつです。

私自身、向かい合うばかりでなく、自他をそっとしておく力も身につけたいと感じています。

目がまわっても、逆にまわれば治る。死ぬほどの悲しみも別の悲しみで癒える。

ウィリアム・シェイクスピア（イングランドの劇作家）

「悲しみの後にはいつも喜びが来る」というような、人間、悪いときもあればよいときもあるさ、という格言が多いなかで、シェイクスピアさんは、悲しみが悲しみを洗い流す、と言っています。

これじゃあ、人生救われない。気持ちのやり場のない格言かなと思いがちです。

例えば、離婚をした悲しみをかかえながら、次に再婚してまた離婚をしたとする。すると、今の離婚の悲しみで前の離婚の悲しみが薄らぐ。バツ２の私が言うと、説得力があるんだかないんだか、わかりませんが。確かに、新しく大きな悲しみが古傷を覆い隠してしまうこともあるでしょう。

でも、シェイクスピアさんが言いたいことは本当にそういうことなのでしょうか。私は「逆にまわる」にむしろ着眼したいと思います。例えば、離婚の逆回転は結婚です。結婚は一般的に喜ばしいことです。でも、結婚は人生の墓場なんて言われることもあります。何を喜びと感じて、何を悲しみと感じるかについては、とても主観的であり、そのときどきであると思うのです。新婚時代、結婚生活がうまくいっているときには、それこそ人生バラ色。でも、ひとたびお互いが鼻につくようになって、あばたもえくぼだったことに気づくと、何から何まで癇に障って人生の墓場と化す。

人間の喜怒哀楽は、普遍的ではなく、そのときどきの感じ方による。例えば、たくさんの家族に囲まれていることについても、幸せだなって感じるときもあれば、うるさくてかなわないって感じるときもある。社会的な責任を担っていることについても、誇りと思うときもあれば、重いと思うこともある。

そういう不確かな喜怒哀楽を考えたときに「悲しみの後にはいつも喜びが来る」と希望的観測を持つことよりも「死ぬほどの悲しみも別の悲しみで癒える」と楽観的に考えてしまったほうが、気が楽になる。なぜ、別の悲しみがくることが楽観的なのか。それは、死ぬほどの悲しみではないからです。次にも悲しみが来ると思っておいたほうが、こんなはずじゃなかったのにとがっかりすることが減る。もし、悲しみではなく喜びがやってきたらみっけもの、喜びは倍増します。

ただ同じ方向の悲しみが次々に押し寄せてきたら、耐えられなくなってしまいます。だから次に、別の悲しみに出会ったときにも、神様は逆回転でめまいをもとに戻そうとしてくれているんだな、ぐらいに思っておけば、苦しみが少しは和らぐ。また喜びが巡ってきたときにも、手放しで喜ばずに、前の悲しみの逆回転と自重しておけば、喜びに裏切られたときにも苦しみは半減します。

人間の弱さというものが、人生を極めるのに必要になってくることがしばしばある。

モーリス・メーテルリンク（ベルギーの劇作家）

自らの弱さを呪う人がいます。他者の弱さを責める人もいます。とかく弱いことは、人生にとって悪いこととされがちです。

私自身はどうかというと、弱い人間です。哲学的な深い意味ではなく、実生活でも本当に弱い人間です。困難に当たると折れそうになります。批判されると悲しくなります。決められたとおりに実行することが苦手です。いやなことを強制されると逃げたくなります。謙遜ではなく、双極性障害やＡＤＨＤなどの苦手感を表す診断名も持っています。

困難に当たると折れそうになるから、受験期になってノイローゼになる子の気持ちに寄り添うことができます。批判されると悲しくなるから、まわりの目を気にして学校にいけない、引きこもってしまう子の気持ちに寄り添うことができます。決められたことと実行することが苦手だから、会社や学校を辞めてしまう人の気持ちがわかります。そして、背後で子どもたちを支えている保護者さんが投げ出したくなる気持ちもわかるのです。でも、弱さは他者を支援するため、共感するだけに必要なわけではありません。

自分を放っておくと甘やかしてしまうから、自発的に計画を立てます。立てた計画を実行しているかをチェックします。小心者だから、ほかの人を傷つけてしまっていないか、いつも気にしています。ほかの人を傷つけたと感じたとき、自分が傷ついたと感じたとき、ずっとくよくよ悩む性格でした。だから気持ちを切り替えるための方法を様々に試してみました。本も読みました。人ともたくさん話しました。そのおかげで、気持ちを切り替える方法を身につけることができただけではなく、読書の習慣も、友人もできました。

朝起きられないから目覚ましをかけます。目覚ましがひとつで足りなければふたつ、三つとかけます。眠れない夜がたくさんあるから、深夜番組にはとても詳しいです。深夜番組にはお笑い芸人がたくさん出ています。苦しいとき、悲しいとき、笑いが生きる糧を与えてくれることを知り、私自身も落語を学ぶなどして、人前で話すときや対話するときにユーモアを採り入れるように心がけています。お笑い芸人の友人も何人かできました。

そして弱い人間だから、神仏に手を合わせます。自然に畏敬の念を抱きます。

まさに、弱さのおかげで人生を切り開いています。最近は弱い人間であることに感謝しています。みなさんも自分自身の弱さを呪わずに、弱さを無理に隠さずに人生を切り開いていただければ、メーテルリンクさんの言葉をいかすことができると思います。

苦しむこともまた才能のひとつである。

フョードル・ドストエフスキー（ロシアの小説家）

作家にとって、苦しみは作品を生み出すための種です。人生にとっても、苦しみから生み出されるものがたくさんあります。孤独が苦しいから家族や友人を持ち、貧困が苦しいから経済活動を行い、それでも生きることが苦しいから、生きることの意味を模索して、個々人の生き方（哲学や信仰）が生まれます。苦しみに敏感なほど、そこから抜け出そうとしてもがき、努力をします。

私は非行少年でしたから、警察の留置所に入れられたことが何度かありました。留置所生活に対する耐久性は、個人によって千差万別です。大物は留置所でどっしりと構えて、寒いとも腹が減ったとも言いません。だから再犯率が高かったりします。それに引き換え、私のような小者は、寒い、腹が減った、自由がない、早く出せ、と大騒ぎします。だから釈放されたときには、二度とあんなところには戻りたくないと考えて、腹が立つことがあっても喧嘩を自粛するようになるのです。

受験生活は合格不合格の判定をされることから、勉強が得意な子にとっても、もちろん苦手な子にとっても苦しみだと思います。ただ受験生活の受け止め方、過ごし方によってその後の人生にも大きく影響するという例を私は多数見てきました。

受験がいやだからと逃げてしまうと結果が不合格になってしまったり、望む学校に入れずに自分が描く将来像を手にすることができなくなります。だから、いやいやでも受験勉強をするのが一般的なのですが、いやいや勉強をしても受験に必要な知識や技術をつめこむこと以上のことはできません。これに対して、自分自身で計画を立てて学習に臨めば、将来にわたって計画し実行する力を身につけることができます。学生時代、私は国語が大好きだったので、国語の入試問題の文章からたくさんのことを考え、学びました。入試問題は受験校の学校の先生が練って、練って作る問題です。選ぶ問題文にも先生の思いがこめられています。そういう意味では学びの宝庫です。

非行少年だった私が、自分の立ち位置を考えて先に進むことができた根底には、読書が好きだったことがあります。もう死にたいと弱音を吐いたときにも、本が思いとどまらせてくれたという体験をたくさんしました。

苦しみからの逃れ方も才能のひとつだと思います。今の仕事がいやだから転職をする。でも、横滑りにどんな仕事でもよいからほかの業種に仕事を変えるというのでは、その業種や職場がいやになってしまったらまた転職をして、どんどんキャリアダウンしていってしまいます。例えばいやな仕事から逃れるために資格を取る、その仕事がいやな理由を掘り下げて考えて自分にマッチした仕事を探す、このような転職の仕方は自分を高めてくれることでしょう。

苦しむことだけでなく、苦しみ方、どのように苦しむかも才能のひとつです。どうせ通り抜けなければならない道ならば、次につながる通り抜け方をしたいものです。

人間の自由を奪ったものは、暴君でも悪法でもなく、社会の習慣である。

ジョン・スチュアート・ミル（イギリスの哲学者）

日本には「世間の目」だとか「世間に笑われる」などの言い方があります。この世間はミルさんの言うところの「社会の習慣」を象徴していると思います。農耕社会では共同作業を行ってムラを守っていく必要があります。そのための監視システムとして江戸時代に作られたのが五人組です。領主はこの制度を用いて年貢の確保や治安の維持に当たりました。五人組のなかで問題を起こす人がいた場合には、ほかの人も連帯責任を取らされます。太平洋戦争下の日本では隣組という制度もありました。はずれ者がいて迷惑をかけられたらたまらない、幕府や政府に逆らう者のとばっちりを受けたらたまらない、だから世間の目は非常事態下ではいっそう厳しくなります。

小学生、いえ幼稚園生の頃からはずれ者だった私は、両親に世間に顔向けできないと言われて育ちました。私は注意欠陥多動性障害や双極性障害をかかえているため、秩序だった雰囲気のなかでおとなしくしていることが苦手です。大人になった今でも見知らぬ人に囲まれた堅苦しい会合に参加しなければならないと考えると頭が痛くなってしまいます。

若い頃の私は、それこそ世間で言うところの不良、今でいうところのヤンキーがそうであるように世間に後ろ指を指されて、世間を敵視していました。でも、最近は世間に対する見方が少し変わってきました。世間が自分たちに異質な者を排除しようとする意識の底には、自分たちのコミュニティを守ろうとする強い絆があります。その根底にあるのは、家族や共同生活を営む仲間を守るという思いです。知らない街に行って道に迷い、うろうろしていると、街の人たちからこの人、不審者じゃないかしらという冷たい視線向けられることもあります。でも思いきって、道に迷ってしまったのですが、どうやって行ったらよいのでしょうかとたずねてみると、よほど急いでいるのではない限り、快く道案内をしてくれる方が多いです。冠婚葬祭を通じて、地域社会の人々は親交を深めていきます。血縁だけではなく、地縁を大切にするのは日本人の特長のひとつと言ってよいでしょう。

知的障害のある仙台四郎さんが商売繁盛の神として大切にされたのも、根底には日本人の、障害がある人への愛があるように思えます。わからないものに対しては警戒心を抱くが、ひとたび警戒心が解けてコミュニティに受け入れられると、温かいのが世間のよいところのひとつであると思うのです。反面、第二次世界大戦の時期にファシズムが蔓延するのに世間が利用されてしまったという歴史があること、またコミュニティからはずれてしまった人にとっては、世間は冷たいものと感じられることには注意が必要です。理想論を言えば、国、人種、宗教の違いを乗りこえて世間が拡大していくと、どこにいても居心地のよい社会ができます。個人の側としては、自分の居場所、自分が所属するコミュニティを見つけることができれば、温かく包まれた幸せな生き方ができると思うのです。社会の習慣の象徴である世間は自由を奪う存在にもなるし、自由を与える存在にもなると考えます。

困難を予期するな。決して起こらないかも知れぬことに心を悩ますな。常に心に太陽を持て。

ベンジャミン・フランクリン（アメリカ合衆国の政治家）

地震が来たらどうしよう、ミサイルが飛んで来たらどうしよう、世のなかに目を向けて不安なことはたくさんあります。受験に落ちたらどうしよう、仕事で失敗したらどうしよう、自分自身のことでも不安なことはたくさんあります。

不測の事態に備えておくこと、また失敗をしないためにも準備や努力をしておくことは重要です。でも、重要なのは備えておくことであって、失敗したときや不安が現実化したときに頭をめぐらせて、つきない想像力を働かせて暗い気持ちになることではありません。やるだけのことをやったから、あとは野となれ山となれと開き直ることも大切です。

世界経済、日本経済は上向いています。日本上場企業の四～九月期の業績は売上高が前年同期比九パーセント増、経常利益が二十四パーセント増と報じられています。リクルートワークス研究所の調査によると二〇一九年三月卒業予定者の大卒求人倍率は一・八八倍が見こまれるとのことです（二〇一八年四月時点）。労働市場はいわゆる売り手市場です。二〇二〇年には東京オリンピックが開催されます。様々な人が活躍できるチャンスがあるのです。どうです、明るい未来がイメージできますか。

そんなふうに考えても不安が払拭できないときには、不安にとことんつきあってみることもひとつの方法だと思います。つきることなくマイナスのイメージが浮かんできたら、そして準備をすることでそれを打ち消すことができないならば、最悪どうなるかについて時間を区切って徹底的に考えてみてください。ただ考えるだけではなく、不安に感じること、実現したらどうなるかについて書き出してみてください。不安が増幅しないために、時間を区切ってということがポイントです。

次に、不安に感じること、実現したらどうなるかの真逆に、うまくいったらどうなるか、とんとん拍子にうまくいく未来像を不安に対応するように書き出してみてください。例えばノートに縦線を引いて二分割して、左側に失敗のイメージ、右側に真逆で成功したイメージを書き出してみるのです。不安が生じて左側に失敗のイメージを書いたら、その都度、成功のイメージを右側に書き出してください。そして失敗を成功に変えるために必要なこと、キーワードを二分割したまんなか、縦線のあたりに書き出してください。

不安を安心や成功イメージで塗り替えてしまうのです。よいことも悪いことも自らの心の在り方、イメージが現実を引き寄せると言われています。

もし困難にあたったときには、それはよいことが起こる前兆と考えてみてください。

社会生活は日々これ戦い、日々これ苦難。
その時に心が動揺するかしないかは、
信念の有無で決まる。

松下幸之助（日本の実業家）

経営やビジネスの世界に限らず、社会生活は日々、苦難です。自分が競争しようと思わなくても、社会という集団のなかに所属している以上、競争や苦難に巻きこまれます。

でも、ちょっと視点を変えてみると、競争は公平なことではないかとも思うのです。例えば鮮度のよい魚屋さんと鮮度の悪い魚屋さんでは、鮮度のよい魚屋さんが勝つのは当たり前です。体調が悪いから、仕入れに行けなかったとか、店の立地が悪いから魚が売れず、鮮度が悪くなってしまうなどの言い訳はお客様には通用しません。お客様が欲しいものを提供する会社が勝ち、そうでない会社は負ける、これが市場原理で、とてもわかりやすく公平な原理だと思うのです。

日本国内から世界に目を向けてみましょう。現代はグローバル社会です。日本の企業は世界を相手に戦っています。品質やサービス、価格が世界と対比されてしまう厳しい時代なのです。世界相手なんて勝てるわけがないと考えるのか、世界に商品やサービスが売れるチャンスじゃないかと考えるのかは、その方次第です。

勉強で一生が決まるなんて耐えられないと考えるのか、生まれ育った家柄や人種で一生が決まるのと比べたら、勉強すれば道が開けるって何て公平なんだろうって考えられるのか、その考え方次第で人生が左右されてしまうと言っても過言ではありません。

でもいつも、勉強をがんばるぞとか、仕事をがんばるぞと考えつづけることは難しい。特に逆風にさらされたとき、心が折れそうになります。そんなときに私たちを助けてくれるのが、信念、動機です。何のために勉強をしているのか、その仕事をしているのか、はじめたときの動機、原点です。

私の場合は、自分が学生時代、また大人になっても、自分自身の障害の特性や個性で苦しかったから、困っていたり、苦しんでいる子どもたちや保護者さんをサポートするという揺るぎない動機があります。今でも苦しかったり、困っていることを自分自身がたくさんかかえているので、その信念は崩れません。だから逆風にさらされたときにも「ま、いっか」とはならないのです。

子どもたちを支援する仕事だから、人に喜ばれる仕事だから、逆風は少なさそうに思われるかもしれません。でも、そうでもないのです。ときには無理解な人たちと闘わなければならないこともあります。また、いい加減な同業者が子どもを傷つけること、商売になれば何でもよいという同業者と競わなければならないこともあります。でも、信念があるおかげで、がんばりつづけることができています。

みなさんにも、日々の戦いに信念をもって勝ち抜いていただきたいと思います。そのためには、自分自身が信念を持てる分野に身を投じることも重要なのではないかと思います。

苦手なことには折り合いをつけて、得意なことを伸ばす。

芦澤唯志

私自身、子供の頃から注意欠陥多動性障害や双極性障害をかかえていて、学校や社会に適応できずとても苦しみました。今でも手先がとても不器用で、針に糸を通すような細かい作業はできません。軍手を何重にも重ねて指先の作業をしているような状態です。

私の父は町工場の経営者でした。でも私が不器用だから、オヤジは私に工場を継がせなかったんです。もし工場を継いで手先を使う職人さんになっていたら、オヤジからいつも拳骨をもらっていたことでしょう。

また双極性障害のため、集中力が高まり寝ないで仕事をすることもできるかと思えば、ばたっと動けなくなってしまうことがあります。学生時代にアルバイトをしていたとき、鬱状態と薬の副作用が相まって、アルバイト先のソファーで四時間寝こんでしまい、クビになったことがあります。だから、時間から時間で会社で勤務する仕事につくことはできません。

手先については、家族のフォローを受けています。細かい作業をしなければならないときには息子にやってもらいます。幼児の頃、小児ぜんそくで外遊びは一切禁止でした。父が製本屋で本だけはたくさんあったので、大人の本を手あたり次第に読んでいました。そのおかげで、国語や文章を書くことが得意になり、今の仕事につながっています。

世の中には苦手なことを強要されて苦しんでいるお子さん、お子さんだけではなく大人の方もたくさんいます。だから「苦手なことには折り合いをつけて、得意なことを伸ばす」ことをお子さん、保護者さんに伝えたいと考えて、翼学院を創業しました。

「折り合いをつける」のは、人間関係でも同様です。学校や職場で苦しみ、自分自身を傷つけてしまったり、極端な場合には自殺するほど、他人との関係で苦しむことはないのです。苦しければ逃げるのも折り合いをつけるひとつの方法です。農耕社会だった日本人の特質として、固定化された人間関係のなかで、互いに拘束しあって生きるという特質があります。ときには遊牧民のように固定化された社会から離れて、心身ともに軽くなることも必要だと思います。

苦手に折り合いをつけて、得意を伸ばすことで、生きる道を見いだした子たちが一千名以上、翼学院を巣立っていきました。なかには、国語の成績が1だった子が宇宙開発をしていたり、不登校で引きこもりだった子がゲーム会社の起業を目指して経営学の大学院に進学した例もあります。

みなさんも、苦手なことに正面から向かい合うだけでなく、ときには身をかわして得意なことに集中するという発想の転換を持っていただければと願っています。

我々は現在だけを耐え忍べばよい。
過去にも未来にも苦しむ必要はない。
過去はもう存在しないし、
未来はまだ存在していないのだから。

アラン（フランスの哲学者）

キリスト教の聖書では「明日のことを思い煩うな」とも言われていますし、「明日のことを言うと鬼が笑う」という日本のことわざもあります。

明日のこと、未来についての格言が多いことは、とかく人が未来のことを心配しがちだからです。心配だから十分な準備をするというところにつながればよいのですが、思い煩うことにとどまってしまうことが多く、それでは悩みや苦しみだけが増してしまいます。また聖書では「空の鳥を見るがよい。蒔くことも刈ることもせず、倉に取り入れることもしない。それなのに、あなたがたの天の父は、彼らを養っていてくださる」とも言われています。思い煩わずに日々、精いっぱい生きていけば、天が守ってくださるという意味に考えるとよいと思います。

今度は過去のことについて。人はとかく後悔する生き物です。では、動物はどうだろうと考えてみました。動物は怖い目にあったものに近づかないなどの学習はしますが、あのときにああしておけばという後悔はしないように思えます。すると、後悔するのは人間の特権ということになります。後悔が将来につながっていけばよいのですが、未来への不安と同様に悩みや苦しみだけ増してしまうのでは、人の特権のためにかえって生きづらくなってしまいます。

京セラの創業者、稲森和夫さんは「情緒的な悩みをするな」と言われています。未来への心配も後悔も、将来への備えにつなげることができれば情緒的な悩みとはならないですが、思い煩うだけにとどまってしまえば、情緒的な悩みとして、頭や心のなかでぐるぐるまわって自分自身を苦しめます。

この格言はシンプルですが、人生の示唆に富んでいると思うのです。それでも悩みや苦しみは消え去るわけではありません。アランさんは「現在についていては耐え忍べ」と言われています。現在を耐えて、現在に生きることだけでも、相当の忍耐が要求されます。忍耐に重要なことはストレス耐性だと思います。

忍耐、それは肉体的な小心と道徳的勇気の混じり合いである。

トーマス・ハーディ（イギリスの小説家）

強靭な肉体と精神力を求められると思われがちの忍耐ですが、ハーディさんは、まず「肉体的な小心」が必要と言われているのです。逆に肉体的に大胆だとしたらどうなるでしょうか。やられっぱなしでは、がまんできません。だから一発お見舞いすることになります。でも、いつも一発お見舞いしていると、鉄格子のなかに入れられてしまったり、自分より強い相手に出くわしてけがをしたり命を落としたりしかねません。それが証拠に私の前歯は折れてしまっています。義歯を入れるとそこだけ歯の色が変わってしまうので、折れっぱなしです。

さて、併せてハーディさんが必要と言っているのは道徳的勇気です。自身を忍耐強く抑制していくためには、道徳心が必要になります。例えば無法者と出くわしたときに、自分も無法で対決しない、俺も私もちょっとならばいいかと無法に追従しない。冷静な道徳心を乗りこえて、ぐっとがまんする勇気が求められます。

小心者でありつづけること、道徳的勇気を持ちつづけること、このような負荷が継続すると、心身が参ってしまいます。だから、忍耐に最も必要なことはストレス耐性なのです。

腹が立ってしまったときの対処法、アンガーマネジメントが静かなブームになっているようです。腹が立ってしまったときに飲みこむ方法を学んでおくことも重要だとは思いますが、飲みこんだままだと心身が壊れてしまいます。だからストレス耐性を上げて、自身の心身を守ることも重要だと思います。

ストレス耐性の上げ方はそれぞれでしょう。ヨガ、座禅、武道、そういう修練だけではなく、あえて「鈍感力」を身につけるのもひとつです。人間は、環境適応性をもった生き物ですから、気持ちの持ち方を変えることで、あえて鈍感になることもできると思います。

さて、そのように苦労して忍耐をした先に何があるか。理不尽と思われる攻撃に耐え、過酷と思われる環境をしのぎ、じっとがまんをしつづけた先には何があるのか。残念ながら人間の身でそれを知ることは難しいと思います。でも、天や時はその先に何があるかをよくご存じのはずです。忍耐の先に神の怒りがあって地球が破滅してしまったなんてことにならないよう、心から祈るばかりです。

我々の性格は、我々の行動の結果である。

アリストテレス（古代ギリシアの哲学者）

短気だから喧嘩っぱやい、のんびり屋さんだから遅刻が多い、普通に考えると、「性格」が先にあって「行動」が生まれるように思えます。でも、アリストテレスさんは、行動の結果が性格を作ると言っています。

誰でも自分で改善したいと思う気質がひとつ、ふたつあると思います。早とちり、せっかち、心配性など、私もあげていくときりがないほど改善したい気質があります。

性格改革セミナーに参加したり、カウンセリングを受けて改善することを考えるよりも、例えば、早とちりならば、他者の話を聞くときに、努めて口を挟まず慎重に聞くようにするとよい。心配性ならば「心配ないさ！」と大きな声で叫んでみる、いえ、心配に感じることについて、実際にそのとおりになったことを想定して結果を考えてみて、本当に大問題なのか、じつは気になっているだけなのかを的確に見極める。理想的な行動をしてみることによって、そして理想的な行動を機会があるごとに積み重ねることによって、結果として性格が変化していくということです。

「心配ないさ！」と叫んでも心配が消えない、という方も多数おられることでしょう。では、心配をなくすためには、どのように行動を変えたらよいのでしょうか。

まず心配に対する対処の仕方について、経営学ではどのように言われているかについてお話しします。経営学を例にお話しする理由は、心配という心の問題の対局にある合理的な考え方だからです。わかりやすいように専門的なことは置いて、大まかに説明をしますね。経営学では、ひとつのことを決定するときに、まずはどのような可能性があるか樹形図を書きます。樹形図の先に、それが実現したときの結果を書きます。そしてあらゆるデータを駆使して樹形図のそれぞれが起こりうる確率を書き入れます。そして、どの選択をすることが最も合理的かを選択します。このプロセスを意思決定といいます。世界的に有名なハーバードのビジネススクールでもこのような意思決定の方法を学んでいるのです。この方法を取るメリットは、①悩みを行動に変えることができる。②抽象的に悩んでいたものの実はあまり起こる確率が低く、また起こったとしてもそれほど大げさなことでないことに気づくことができる。③実現してしまった場合に被害を最小限に食い止めるための方法がわかる、などです。メリットは多数あります。

さて、話をもとに戻します。自分の性格を変えたいなんてときに、行動を変えることが重要というだけではなく、例えば、お子さんの、こういうところは何とかしたいというときには、怒鳴るのではなく、行動を変えるサポートをするとよいのです。

どんな悲しみや苦しみも
必ず歳月が癒してくれます。
そのことを京都では
「日《ひ》にち薬《ぐすり》」と呼びます。
時間こそが心の傷の妙薬なのです。

瀬戸内寂聴（日本の小説家）

「日にち薬」ってよい言葉ですね。時が癒してくれる、っていう意味もありますし、癒えるまでには時がかかる、という意味もあります。

瀬戸内寂聴さんは波乱万丈な人生を送られてきた方で、修道女を志したがその波乱万丈さから教会に拒絶されて、天台宗で出家されたそうです。

出家後も男性とつきあい、化粧をし、肉食していると自ら認めているそうです。

大病をされたこともあるそうで、そんな瀬戸内寂聴さんだからこそ「日にち薬」を強く実感なさっているのだと思います。

私自身、恥ずかしいことですが、過去に何度も死んでしまいたいと思ったことがあります。思っただけでなく、実行したこともあります。

あのとき死んでいたら、この喜びは感じられなかったと、日々、実感しています。

十年前、自らの命を絶つほど苦しかったことも、今となっては和らいでいます。

二十年前の苦しみは、思い出すと胸がちくりと痛みますが、当時、睡眠薬を飲まないと眠れなかったことを思い起こすと、そうとう痛みは和らいでいます。

例えば、人と人との出会いと別れで痛みを感じた場合、私自身も「日にち薬」の効用で痛みが和らいでいるのと同様に、あの人にも「日にち薬」が効いているはずです。

だったらこのままそっとしておいたほうがよいのか、それとも時を経た今だから連絡を取ってみたほうがよいのか。

男女の別れだけではなく、我が子や親との別れ、友人との別れ、恩師との別れ、世の中には様々な出会いと別れがあります。

「日にち薬」の効用は、癒してくれる効果だけではなく、今ある自分を肯定してくれる効用もあると思います。

人との別れについては再会したほうがよいか、過去に戻ってやり直したほうがよいか、それは今ある自分にとって幸せかどうかで判断すればよいと思います。

せっかくの「日にち薬」の効用が損なわれてしまうのならば、そっとしておくのがよい。

癒された自分として時間を取り戻したいと考えるならば、それもよしだと思います。

考えをまとめるとか、仕事について考えるとか口走るのは、大抵の場合、それは仕事を逃れる口実である。

カール・ヒルティ（スイスの思想家）

上司が適切なタイミングを見はからって「あの書類作成終わった？」って聞くと「近日中に仕上げます」と答える部下がいます。上司の立場からすると、指示を与えてから何日間も放っておかれると不安になります。完璧な書類を提出しようとせず、その都度、相談すればよいのです。一般的に業務は「報連相」が重要だと言います。

家庭生活も同じです。旦那さん、奥さんが子どもの愚痴、ご近所の愚痴を言っているうちが花です。冷えきった関係になってしまうと、愚痴すら言ってくれなくなります。愚痴を「報連相」呼ぶかは微妙ですが。赤ちょうちんで一杯やっていくときには、ＬＩＮＥやショートメッセージでひとこと送れば、夫婦喧嘩を回避できる可能性が高まるのではないかと思います。文句を言われるからと、連絡をせず飲んで帰ると、奥さんの怒りは頂点に達します。

ヒルティっぽくなくなってきました。仕事の話に戻しましょう。それでも、考えをまとめているのはまだよいほうで、いつも、仕事の仕方について悩んでいる、適職かどうか悩んでいる、何かあるとすぐに辞めると言い出す、これでは職場の働く仲間、上司にとっても悲劇ですし、ご本人にとって最も悲劇です。上司が悪い、職場環境が悪い、顧客が悪い、仕事に向いていない、仕事をやめる理由はいくらでもつけることができます。なかには、この仕事でキャリアアップするため、退職して資格を取ります、という理由で退職する人も少なくないとか。よほど劣悪な職場環境ならば別ですが、仕事でキャリアアップするため、資格を取って退職する、というのは矛盾しています。資格を取れば食っていけるわけではない。三大国家資格と言われる資格を持っていても、生活できていない人はたくさんいます。要は、何の資格を持っているかではなく、どのように仕事をするかなのです。

自分はこれでよいのか、今の仕事は向いていないんじゃないかなど感覚的な悩みは、周囲も自分も不幸にします。それよりは、今与えられた環境をどのようにいかしていくか、具体的に考えたほうが幸せになれます。これでよいのかと考える前に、書類を一枚仕上げたほうが、みんながハッピーになります。

現在、有効求人倍率が高く、働く人にとっては恵まれた労働環境にあるわけですが、二〇二〇年東京オリンピックを終えた以降、不況が来るとも言われています。仕事があるときにどのような働き方をしているかが不況時に大きな影響を与えます。一般的に企業経営者、人事担当者は、天職歴が多い人の採用は避ける傾向にあると言われています。天職という意識を持って、今の仕事、環境をもう一度見つめ直してみることをお勧めしたいと思います。

私は流れに逆らって泳ぐことで強くなったの。

ココ・シャネル（フランスのファッションデザイナー）

シャネルさんは、十一歳のときに母が病死、父にも捨てられ、孤児院、修道院で育ったそうです。十八歳で孤児院を出た後、歌手を志して酒場で歌うようになりました。「ココ」は当時歌っていた曲名に因んでつけられたものだそうです。その後、歌手の道はあきらめ、生活の場を牧場へ移しました。そこで制作した帽子のデザインが認められ、帽子のアトリエを開業。一九一〇年にはシャネル・モードという帽子専門店を開店したそうです。

そんな波乱万丈、厳しい生活環境に育ったシャネルさんが荒波を乗りこえて強く生きたコツは、流れに逆らって泳ぐこと。波乱万丈、厳しい生活環境だからこそ、身を縮めて流れに逆らわず、自分の身を守り生きていくと考えるのがむしろ一般的かもしれません。

「出る杭は打たれる」ということわざもあります。目立つとたたかれたり、批判されたりします。しかし、やみくもに流れに逆らうのではなく、その行動が信念に基づいているとき、批判したり、誹謗中傷する人がいる傍らで、応援してくれる人も出てきます。ましてシャネルさんのように流行を作る立場にある人は、時代や人の波に流されていたのでは、新しい流行など作れるものではありません。

社会変革を行っていく人も同様です。私事ながら、生きることが困難なお子さんのため、学習から生活支援まで一貫してサポートを行う志で翼学院グループを創設したとき、公教育の関係者のなかには、たかが塾が何を言っているんだと鼻であしらう人もいました。経営者のなかには、塾は合格率を競い合ってこそナンボだろう、学習が苦手な子どもに教えるなんて、儲からないビジネスモデルだと笑う人もいました。でも、この事業を続けていくうちに、人がやらないことをしているから尊いと応援してくれる方が増えてきました。

一部のエリートが方針を決めて、それを国民が総出で実践してくることで、日本は経済大国として発展してきました。しかし、グローバル化した今日、日本の政策も日本単独では決めることができないようになり、グローバル経済のなかでは、過去の高度経済成長モデルでは、今後の日本の発展は難しいと考えられます。日本国内や世界のあちこちで、流れに逆らって泳ぐ人が、試行錯誤し、もがきながら活躍することで世の中も変わっていくのではないかと考えます。

また私は民間の教育者として、生きづらいと感じる子どもたちの感性を大切にして、流れに逆らい世の中を変えていく子の育成を行っていきたいと考えます。例えば、発達障害があるとされるお子さんのなかには優れた才能があるお子さんがたくさんいます。学校からドロップアウトしてしまった小学生が翼学院に通い、勉強して、偏差値七十をこえる中学に合格した例が今年もありました。学校教育に疑問を持つことも、流れに逆らう感性なのではないかと思っています。

結局、みんなが嫌がることを我慢してできるかどうかなんですよ。

本田圭佑（サッカー日本代表選手）

イチロー選手も「努力せずに何かできるようになる人のことを天才というのなら、僕はそうじゃない」と言われています。

本田選手が「みんな」と言っているのは、一般的な人のことではなく、プロのサッカー選手だと思います。プロの選手ですら嫌がることを「我慢してできる」、ここがポイントです。野球選手ならば野球が好きなのは当然で、サッカー選手ならばサッカーが好きなのは当然です。でも、いくら好きなことであっても、いやなこと、苦手なトレーニングや練習はあります。

本田選手とはまったくレベルは違いますが、私も好きでトレーニングやレスリングをしています。トレーニングで言えば、筋トレはほぼ毎日欠かさず行っているのですが、走ることや縄跳びは苦手です。苦手だからほとんど走らず、縄跳びもしません。だから、スパーリングをやっていると息切れしてしまいます。スタミナには自信があるほうなのですが、走りこんでいる選手にはかないません。

スポーツで言えば、走る、縄跳び、基本的なトレーニングほど、継続することはきついです。また成果が見えづらいトレーニングを継続することもきついです。筋トレで言えば、目に見えて成果が上がる身体の部位、私で言えば大胸筋は目に見えて発達するので好んでトレーニングします。でも、脚の筋肉は発達しづらく、トレーニングをすることをあまり好まなくなります。足腰はスポーツの基本です。私のように避けていると一定以上のレベルには到達しません。ちなみに私はスクワットを毎日二百回はやっていますが、すごいと思う先輩に聞いたところ毎日一千五百回スクワットをやっているそうです。スクワットとは立ったり座ったりをくり返す屈伸運動です。やっていて楽しいものではありません。いやなことをがまんしてできる、というのはそういうレベルなんだな、と思いました。

つまり目立って成果が上がらない、基本的なことが、「みんなが嫌がること」だと思います。

本田選手のような超一流選手でも、「我慢して」やっているのです。イチロー選手も、ただ楽しんでプレイしているのではなく、努力をしましょうと思って努力しているのです。このことが重要だと思います。

みなさんも、様々な分野のプロだと思います。その道で「みんなが嫌がること」を「我慢して」続けることができれば、みなさんもそれぞれの分野での本田選手になれるのだと思います。

それでは、分野問わず共通して「みんなが嫌がること」って何だろう。

一番は継続かな、って思います。何があっても続けるって、とても大変なことだと思います。人は壁に当たると環境や周囲のせいにして、やめてしまいがちです。それでも踏みとどまって、継続した人だけが本田選手のようなプレイヤーになれるのです。

神が我々に絶望を送るのは、我々を殺すためではなく、我々の中に新しい生命を呼び覚ますためである。

ヘルマン・ヘッセ（スイスの作家）

試練という漢字を書いてみてください。試されて、訓練される、という漢字を重ねた熟語です。誰に試されて、訓練されるのか。それは、天です。

旧約聖書のヨブ記では、信仰深いヨブが神によって数々の試練を与えられます。お釈迦様は悟りを開くまでの間に数々の試練を乗りこえました。「神は乗りこえられない試練は与えない」と言われています。「そんなことないよ。乗りこえられないほどの苦しい試練があるよ」という方もいらっしゃるかもしれません。試練が、乗りこえられないほどの苦しみ、絶望となって、もうだめというところまで達したとき、そして自分の思いを乗りこえ、身を天に委ねたとき、ヨブは神に救われたとされています。魔神マーラの誘惑を乗りこえたとき、お釈迦様は悟りを開いたとされています。ヨブもお釈迦様も、絶望を乗りこえたとき、新しく生まれ変わったわけです。

人間である私たちは絶望からは簡単に乗りこえられず、また絶望をする機会が頻繁にあっては困るのですが、試練を乗りこえる体験は、私たちを新しい自分へと導いてくれることは実感できます。戦争などの苦しみを乗りこえてきた方は、戦後世代の私たちでは持ちえないタフさ、柔軟さをお持ちです。震災などの災害も同様で、乗りこえてこられた方は、体験すること、ひとつひとつに生きる実感を感じられるとうかがったことがあります。

地震の発生をプレートで説明する考え方だと、小さな地震が起きていることはプレートの大きな歪み、すなわち大地震につながらないから悪い事ではないと考えるようです。これを人生に例えると、試練をひとつひとつ乗りこえていくことは、自分自身の地盤を安定させるために必要なことと考えることができるかもしれません。

大きく生まれ変わるだけでなく、明日生きていく種、芽が乗りこえ体験で自分のなかに蓄積されていくのでしょう。

第2章

毎日の気分や考え方を変えたいとき

将来のことを考えていると憂鬱になったので、
そんなことはやめてマーマレードを作ることにした。
オレンジを刻んだり、床を磨いたりするうちに、
気分が明るくなっていくのには全くびっくりする。

デーヴィッド・ハーバート・ローレンス（イギリスの小説家、詩人）

注意欠陥多動性障害、双極性障害、睡眠障害、引きこもり傾向など、苦手なことのカタマリのような私です。でも、みなさんのおかげでなんとか立っていられます。私の紆余曲折ある人生、日々の葛藤をさらすことで、苦しんでいる方の役にちょっとでも立てたらという思いでツイッターを始めました。始めて間もないにも関わらず、悩み相談などを多く寄せていただいています。こんなにも悩んでいる方が多いんだ、と感じる日々です。

井上陽水さんに「傘がない」という曲があります。いろいろな社会問題が世の中で起きているけれども、恋人に会いに行くための傘がないことが問題という内容の歌詞です。

大きな問題、将来への漠然とした不安をかかえ、いつもそのことを考えていくと、苦しみはいっそう増します。悩んでいるよりもマーマレードづくり、日常に目を向けて、日常のことを一生懸命やっているうちに気が晴れる、ということです。

取り組む日常のことは、手間ひまかかるもののほうがよい。悩みながら片手間でできることだと意識が悩みのほうに行ってしまうので。でも、複雑すぎると楽しくない。そういう意味ではマーマレードづくりはちょうどよいのかもしれません。これからは私も煮詰まってきたら、マーマレードづくりを思い浮かべるようにしたいと思います。

文学少年だった私は、思春期にいろいろな意味でこの作家の作品にお世話になりました。映画化された作品を親に隠れてこっそりと観ていました。私が思春期のときには、インターネットもネット上の動画もありませんでした。大人向けのカラフルな写真集や成人向け漫画を持っているとオヤジに見つかってぶん殴られるので、主に文学作品を愛用していました。なかには、芥川龍之介が偽名で書いた官能小説なんていうのもあって、さすが芥川って、いろんな意味で興奮したものです。官能小説のおかげで、とてもイマジネーションが発達しました。

大学では憲法学で、表現の自由についての裁判例として「チャタレー判決」を学びました。そんな人生に多様な影響を与えてくれた『チャタレー夫人の恋人』の作家ローレンスさんの格言でした。

反省ばかりしてると、
バカバカしくて
これから先、やっていけない。

タモリ（日本のコメディアン）

タモリさんのこの名言は、仕事や勉強に追われるのではなく、仕事や勉強の主人公になるためのコツのように思えます。タモリさんは「前を向いて歩いてたって、つまんないよ。後ろをふり返ったほうが『あれが楽しかった』って楽しいよ」とも言われています。

お笑い芸人ふうに毒を吐かせてもらうと、つまらない先生は「後ろをふり返るな。前を見ろ！」って言いそうです。でも、私はおもしろい先生なので、中、高、大学に合格した塾生に「手に入れたものをゆっくりと手のひらで転がして喜び、楽しんでから先に進め」と言っています。つまり、自分自身を褒める時間、自分の立ち位置を楽しむ時間をつくらないと、主役ではない追われまくられる人生を送ることになってしまうという意味です。どんなに人がうらやむ境遇に置かれていても、不平不満ばかり言っていると、終いにはツキが逃げていきます。

「反省だけなら猿でもできる」という古いＣＭがありました。反省ポーズをする演芸の猿がはやった時期のＣＭでした。抽象的な反省には意味がない、ということだけではなく、プレイヤーとして楽し

めない、という意味もあると私は思うのです。タモリさんのお言葉にはプレイヤーとして楽しんでいる名言が多いように思えます。たけしさんが軍団という弟子に囲まれているのに対して、タモリさんは弟子を取らないと聞いたことがあります。弟子を養わなければならないと自分で楽しめない、新しいことにチャレンジできない、という思いではないかと推測します。縛られないことがよいと言うつもりはありません。責任が人を育てる、ということもあります。でも、責任でがんじがらめになりそうなとき、周囲から前に進めと発破をかけられたとき、まじめに生きろと追いこまれたとき、タモリさんの名言や顔を思い出して、かけられたプレッシャーを笑い飛ばすのもよいと思います。

タモリさんの師匠は赤塚不二夫さんだと言われています。赤塚不二夫さんの「天才バカボン」のバカボンとは、フランス語の放浪者・VAGABOND（バガボンド）に由来するとも、サンスクリット語の煩悩を超えた存在・薄伽梵（バギャバボンまたはバガボン）に由来するとも言われています。

赤塚不二夫さん、タモリさんとタイプのまったく異なる私には、おふたりがとてもまぶしく見えるのですが、肩に力を入れつつも、私なりの人生を歩んでいこうと思っています。

笑う門《かど》には福来《きた》る

日本のことわざ

防音ルームの独り寝の寝室のテレビで、アマゾンプライムを観ながら寝ることがあります。最近はM-1グランプリを二〇〇一年大会からずっと観ています。M-1を観ながら寝ていたら、自分がM-1に出場した夢を見ました。ビートたけしさんに憧れて、大学時代には漫才協会に属していた私にとって、M-1出場の夢はとても幸せでした。今でも授業では、十回は笑いを取ると心に決めています。

さて、そんな夢を見たことから、笑いについての格言を思い起こしてみたのですが、例えばチャップリンさんの「笑いとはすなわち反抗精神である」。圧政に対抗するための風刺、せめて笑い飛ばすという笑いの効用はよく分かります。日本でも川柳などの文化がありますが、風刺は笑いの一面しか表していないように思えます。ダウンタウンの松本人志さんは「風刺ネタは笑いの取り方として一番安易」と言われていますが、大喜利などで時事風刺ネタを披露して、どうだという顔をしている落語家さんを思い起こすと確かにと思う面もあります。

二〇一七年の末に「THE MANZAI二〇一七」でお笑い芸人のウーマンラッシュアワーが披露した社会風刺ネタが物議をかもしました。福井県の原発、沖縄の基地問題、熊本の震災など数々のタブーをネタにしたことに賛否両論がありました。あくまでも私の感想ですが、原発、基地問題、震災の当事者の方が不愉快に感じる内容というよりも擁護する内容でした。最後に他人事としている国民全体に「（問題は）お前たちのことだ」と突きつけた点、笑いのトゲを確信犯的に使った、風刺ネタの極みだと感じました。笑いの根源には共感があります。例えば風刺ならば、市民の側に立って権力者を批判する、コイツよりもまだましだ、という優越感を刺激する。しかしウーマンラッシュアワーは「お前たちのことだ」と視聴者が共感を持つことを拒絶してしまったわけです。とてもとがった、革新的なことだと思います。

株式相場の世界では「戌年は相場が笑う」という格言があります。これは過去の相場の経験則に基づく格言のようです。今のところは、相場は泣いているようですが。

そんなこんなと笑いに関する格言に思いをめぐらしていて、やっぱり一番しっくりとくるのが「笑う門には福来る」でした。門は家庭、一族という意味だそうです。「笑う門には福来る」には、無条件の笑いというイメージがあります。

風刺、優越感に基づく笑い、下ネタ、様々な笑いがあってよいと考え、自分自身も笑いを作り出したいと願う私ですが、作ろうと思っても作ることが難しい笑いがあります。それは赤ちゃんの笑顔を見てこぼれ出てくるような笑い、動物のしぐさを見て緊張がほぐれるような笑い、不快になる他者がいないような笑い、そういう笑いは至福の笑いです。破顔という言葉がぴったりな、笑顔がこぼれ出るような笑いが家庭や社会にあふれたら、福がやってくることでしょう。

経験とはあなたに起こった事柄ではない。起こったことに対するあなたのしたことだ。

トーマス・ハクスリー（イギリスの生物学者）

「あなたのしたこと」に、私は「あなたの感じたこと」もつけ加えたいと思います。

誰に何を与えたいのかというミッションがどのようにして作られるのか、どうすればミッションを持つことができるのか。ずばり、ミッションは経験で作られます。経験とは、起きた出来事を指すのではないことはトーマス・ハクスリーさんが述べているとおりです。起きた出来事に対して、どのように感じて何をしたかまでを含めての経験です。

私の友人で、子どもの頃、親が借金をして、取り立てで苦しんでいた人がいます。このような大変な思いをすると、親を恨み、世間を恨んで曲がった道に進んでしまう人も多いものです。でも、その人は自分と同じような境遇で苦しんでいる人を救いたいと感じて、法律を学び弁護士になりました。

私自身は子どもの頃、不登校で不良で集団生活になじめない子でした。ＡＤＨＤや双極性障害などをかかえていて、もし勉強をしてこなかったら、仕事に就くこと、生きていくことはできなかったと思っています。だから苦手感のあるお子さんに勉強の必要性、楽しさを伝えたい。自分が勉強をしてくるなかで見つけた、文章読解が得意になる方法、暗記が得意になる方法などを伝えたい、それが生涯にわたって生きる力になる、このような思いで翼学院グループを創業しました。

世の中にはせっかく成功したのに転落してしまう人も少なくありません。成功に至った経験を忘れてしまうことが転落の大きな原因のひとつだと思います。困っている人を救いたいと弁護士になったのに、その世間的な評価の高さのため、初期の志を忘れてしまうというような例です。私自身は成功者などと言うにはほど遠いですが、幸いと言ってよいのでしょうか、今でもＡＤＨＤ、双極性障害、引きこもり症などの困難さは続いているからミッションを投げ出すことはできません。だから、このミッションは揺らぎません。最近では困難な経験が持続することを天から与えられた賜物だと感じています。

ゆるぎないミッションは経験によって作られます。でも同じ経験をすれば、すべての人が同じミッションを持つわけではありません。経験をしたときに、どのように感じて、どのように行動したかが重要なのです。さらに言えば、自分の経験だけでなく、家族や身のまわりの方の経験を自分の経験とすることができると、年齢を問わず新たなミッションを見いだすことができます。翼学院の保護者さんのなかには、娘さんが看護師さんになったことをきっかけとして、看護の道を志して翼学院で受験勉強をされている方がいます。素晴らしいことだと思います。

お子さんの受験に直面したとき、自分は勉強をしてこなかったからと学校任せや塾任せにせず、一緒に進路を考えて、一緒に学校を探し、ときには一緒に勉強をすれば、ご自身の世界もひろがります。またその思いはお子さんにも伝わります。

不要な枝葉を切り落とし、身軽になること。
維持や執着を捨てて素直になること、
他人の意見に耳を傾けて謙虚になることが成熟ということ。

渡辺和子（ノートルダム清心学園理事長）

「捨ててこそ浮かぶ瀬もあれ」など、捨てることの重要性を述べた格言もたくさんあります。断捨離という言葉も、みなさんよく使います。

さて、なぜ捨てることが大切なのでしょうか。私流の考え方をお話ししたいと思います。

第一の理由は、捨てないと入ってこないからです。風水では、お財布にレシートやポイントカードなどをごちゃごちゃ入れているとお金が入ってこないと言われています。

知識を身につけることも同様です。学校で教わったことがすべてだとみなが考えてしまったら科学は進歩しません。科学者は古い考え方に捉われずに発想することが必要です。

例えば法律家について。司法試験を突破して法律の専門家として活動している方は、法律の条文や判例を丸暗記している、記憶が得意な方だと思われがちです。しかし法律家に求められる力は、条文や過去の判決を解釈する力なのです。そうでないと、誰が事件に取り組んでも同じ結論が出てしまいます。例えば、法のとおりの解釈で答えを出してしまうとかわいそうというときに救済をする論理を構成するのが血の通った法律家です。そのためには古い法律や判例を捨てることが必要になることもあります。このように自分の持っている知識や経験にこだわってしまうと、新しいものを採り入れることができません。

第二の理由は、人は持っているものに捉われてしまうからです。翼学院グループの社員はやたらと高学歴で有名大学の博士も稀ではありません。でも、豊富な知識をもっていればよい指導ができるかというと、そうとは限りません。むしろ正確な知識にこだわるあまり、自分がガチガチに縛られてしまい、考え方の本筋を考えること、伝えることが苦手な人も稀ではありません。だから私は研修で思考の本筋を妨げる知識を削ぐことを教えます。

子どもたちの指導を行っていても同様です。知識や解法のテクニックにこだわってしまうと、ガチガチになってしまい発想を阻害します。例えばゴルフのスイングでボールの位置はここで、テークバックはこうして、ダウンスイングではこうしてと一挙手一投足にこだわると心身ともにガチガチになってしまいます。それと同じです。

第三の理由は、所有していること、持っていることで守りに入ってしまうからです。知識や経験、財産にこだわってしまうと、失うことが怖く、チャレンジすることが億劫になってしまいます。その結果、持っているものを守るためにビクビクして暮らさなければならなくなる、なんてことも考えられます。攻撃は最大の防御とも言いますが、どんどんチャレンジすることが、じつは守ることにもつながるのです。そういう意味で、持っているものをときには捨てることも大切です。

芸術は、命令することができぬ。
芸術は、権力を得ると同時に、死滅する。

太宰治（日本の小説家）

太宰治さんは国会議員まで務めた青森県の名士の父のもとに生まれ、ご自身でも言われているように、いわゆる坊ちゃん育ちです。東大の文学部に入学するのですが、大学は除籍になり、アルコールや恋に溺れて、最後は心中して亡くなってしまいます。一説によると、太宰さんは小説のネタにするために、わざとたくさんの恋をして、自堕落な生活を送ったとか。まさに壮絶の一言につきる作家人生です。

太宰治さんと三島由紀夫さんの文学論争があり、自身を心身ともに鍛え上げることをモットーとしていた三島さんは「太宰の悩みは、器械体操をすれば消し飛んでしまう類のものだ」と言ったとか。

今でこそ、筋トレにはまって三島さん寄りに見える私も、じつは高校生の頃、太宰文学にどはまりして、作家を志したことがあります。当時つきあっていた女性と青森の太宰さんの生家に行ったり、お墓参りをしたり。高校二年生のときには、出版社が主催する文学賞を受賞して本気で作家になることを考えたことがあります。三十すぎぐらいまで、何冊か本を出して小説も書いていました。三島さんも担当した純文学の編集者と、松本清張さんを担当した大衆文学の編集者のふたりについてもらい、ふたりの言うことが真逆だなどと葛藤しながら小説を書いていました。そして三十歳をすぎて小説家になることをあきらめたとき、心の底から今まで苦しかった、楽になった、と感じました。

芸術は渇望が生み出すと思います。素晴らしい恋をしていたり、いつもおいしいものを食べていたのでは、よい作品を作ることは難しい。イケメンよりも、ちょっとブサメンで恋に恋しているぐらいのほうがよい小説を書けるかもしれない。心臓がちぎれるほどの失恋をしたり、いつも飢えていて腹いっぱいおいしいものを食べたいと渇望するところから、この世に存在するものをこえた芸術作品が生まれる。

ただ、いつも渇望していること、飢餓状態に自分の身を置いていることはとても苦しいです。実際には素晴らしい恋をしていてもよいし、裕福な生活をしていてもよいのですが、どっぷりそれに浸ってしまっていたら、現実の生活で満足してしまい、創作意欲がわいてこない。だからどこかで冷めた意識を持っていて、これをネタにしてやろうと考えて日々の生活を芸術に提供しなければならない。だから精神的に権力を得てしまうと芸術家として終わってしまう。

受け手の側も同様です。芸術は作り手と受け手の奏でるハーモニーなので、受け手の感性が研ぎ澄まされていないと、よい作品として完成しない。作り手がいくらよい作品だろうと押しつけても、受け手の自由に委ねられる部分がとても多いのです。

物事に敏感で自分なりの価値判断を持っていることを「細心」といいます。気が小さいことは人生の武器なのです。

斎藤茂太（日本の精神科医、随筆家）

「細心の注意を払う」と言いますが、物事に敏感でなければ、細心の注意を払う必要がある状態に置かれていることがわからないので、細心であるためには敏感であるべきであることにはみなさん納得できると思います。

さて「自分なりの価値判断を持っていること」が「細心」であるため必要だとは、どういう意味でしょう。人は自分なりの価値判断に基いてものを考えて、行動をします。俺（私）ははっきりとした価値基準なんか持っていないよという方でも、何を食べる、何を着る、どこに行くと毎日意思決定をして活動しているわけで、日常の意思決定のレベルでは自分なりの価値基準を持っていない人はいないと言えるでしょう。

ただ、自分なりの価値基準が世間の基準とあっていないと、これぐらいのことはやってもいいだろうと考えて行動して、世間からひんしゅくを買ってしまう、また場合によっては道義的責任だけではなく、法的な責任を追求されてしまう。

身近な例である喫煙を例として考えてみましょう。法律で禁止されていないのですから、もちろん喫煙する方の自由もあります。しかし喫煙しない方の自由、もっと言ってしまうと、健康を守る権利もあるのです。周囲に喫煙をいやがっている人がいることを察知する敏感さがないと、他の方に受動喫煙をさせてしまうことになる。これでは、細心であるとは言えません。また、俺が吸いたいのだからまわりはがまんすればいいだろうという大胆な価値基準を持っていると周囲を顧みることができず、ときにトラブルに発展してしまいます。自分なりの「価値」を持っているだけではなく自分なりの価値観が他者の立場を顧みるものであることが重要だと思うのです。

極端な例が犯罪です。自分なりの価値観つまりモラルが低く、他人の人権に配慮することに鈍感であると、自分の欲望の赴くままに犯罪を犯してしまう可能性があります。犯罪を犯すと、逮捕される、受刑しなければならない、社会的制裁を受ける、など自分の身に返ってきます。日本の警察の犯罪検挙率は高いので捕まる可能性は高いのですが、仮にすぐに逮捕されないにしても、いつ捕まるかとびくびくして暮らすことで自分の身に返ってきます。犯罪に限ったことではありません。最近ワイドショーを賑わせている不倫など、人生には至る所に魔が潜んでいます。欲望は感じるのだけれども、後先考えるとそれはできないこういう気の小ささが自分の身を守ることにつながるのです。

怒りにはどこか貴族的なところがある、善い意味においても、悪い意味においても。

三木清（日本の哲学者）

　怒りのどこが貴族的なのかというと、プライドと密接に関連している点のようです。ヨーロッパの貴族は名誉を守るためであれば、命をかけて決闘をしたと記録されています。自分のプライド、名誉を傷つけられたと感じたとき、人は最も怒りがこみ上げてくるのです。これは言い得て妙、的を得ていると思います。プライドに関わる痛いことを突かれたり、自信があることを否定されたりすれば、怒りがこみ上げてきます。

　例えば、自分が有能であることに誇りを持っている人が人前で辱められたとき、部下がその人の顔に泥を塗るような立ち振舞をしたとき、猛烈な怒りがこみ上げてくる。取引先に迷惑をかけたなど、自分の利益に直結していればなおのことでしょう。だから行き帰りの車のなかで、あの手この手で部下を罵倒してしまう。怒る気持ちはわからないはないですが、怒りに任せた行動が引き金となって自分の身を危うくし、ときには身を滅ぼす例は、最近のワイドショーを例にあげるまでもなく多数見られます。

　それでは、怒りをコントロールするためにはどうしたらよいか。三木清さんの言葉をお借りすると

「自信を持つこと」「短気を上回るほどの名誉心を持つこと」なのでしょうが、では自信を持ちましょう、名誉心を持ちましょうと簡単にはいかない。

「呼吸法で気持ちを整えて、怒る前に十数えて」短気だった私は小学生の頃、何度もこのようなアドバイスを受けたのですが、その翌日から懲りずに喧嘩をくり返していました。

怒りに相手がある場合には、なぜ相手が怒らせる態度を取ったのか、プライドを傷つけるのか、立ち止まって考えてみましょう。すると自分では気づかないうちに、相手のプライドを傷つけている先行行為があったりするものです。そうか、だから相手は頭にきたんだな、と理解できれば、怒る気持ちが静まる場合もあります。怒りは、理不尽にプライドを傷つけられたときにマックスに高まります。だから理不尽という部分を取り除いてあげると、怒る自分自身をなだめることができるのです。また危険性のある場や相手を避けることも大人の知恵のひとつです。

「どこか貴族的なところがある」という言葉の裏には、日々の生活でいっぱいいっぱいだったら、怒ってなんかいられないよという皮肉も感じられます。怒りはエネルギーをいっぱい消耗するので、そのエネルギーを生産的なことに向けていくことができたら、自信を持てる力を手に入れることができるのかもしれません。

ただ自分自身のプライドに立脚する私憤ではなく、社会の理不尽なことに対する公憤を持つことができれば、とても大きなエネルギーとなります。怒りのすべてを否定する必要はないと思います。

一般的に言って、苦しみと悩みは、偉大な自覚と深い心情の持ち主にとって常に必然的なものである。

フョードル・ドストエフスキー（ロシアの小説家）

人は生きていれば、苦しみや悩みをかかえています。誰にでもありそうな苦しみや悩みなのですが、ドストエフスキーさんは、偉大な自覚と深い心情の持ち主にとっては、常に必然と言われています。また「苦しみは人間の偉大な教師である」と、オーストリアの女流作家、エッシェンバッハさんは言われています。「若いうちの苦労は買ってでもせよ」とも言います。苦しみや悩みが人を成長させてくれるということは、説明をするまでもないでしょう。

いくら成長につながると言っても極力苦労は避けたい、無益な苦労はしたくないというのが人間の情です。そこで、常に必然的に苦労を背負うとドストエフスキーさんが断言する「偉大な自覚」と「深い心情」を持つことについて考えみて、避けられるものなのか、避けたほうがよいのか考えてみたいと思います。

「深い心情」とは、感性のことではないかと思います。ドストエフスキーさんのような作家であれば、人の痛みも我がことのように感じる感性は作品を創造するために不可欠です。でも、人の痛みを我がことにしていたら、日々、痛くて痛くてたまりません。また、心情が深い人は同じ出来事に出くわしても、そうでない人よりも感じ方が深いため、苦労も深まることでしょう。以前、渡辺淳一さんの『鈍感力』という本が流行りましたが、敢えて鈍感を志すのも、苦労を和らげるひとつの道でしょう。

では、ドストエフスキーさんの言う「偉大な自覚」とは何でしょう。単なる自覚ではなく偉大な自覚なのです。君は自覚が足りないという使い方をする日常的な自覚ではないように思えます。

「偉大な自覚」とは、自分が宇宙、地球、自然、全ての生命と密接につながっているという自覚ではないかと私は思います。あえて簡略化した言い方をすれば、生態系のなかで生かされているということでしょう。このような自覚を持っていると、大きなテーマで言えば、環境破壊にしても、戦争にしても、すべて我につながっているという自覚ができるわけです。私は関係ないよ、という範囲が狭くなる。そのような意味で、偉大な自覚を持つと苦労が増えます。では、これも「鈍感力」を発揮してスルーしてしまえば解決するのでしょうか。私は、偉大な自覚を持つことは、生存のために不可欠な本能なのではないかと考えます。神仏や自然を敬う気持ち、宇宙や自然の法則からはずれそうになったときに、なんかやばいぞと直感的に感じること、それが人類、民族、さらには個人が生きながらえていくために不可欠なのではないかと考えるのです。

結局、どう考えればいいのか。細かいことには「鈍感力」を発揮する、ただ自他の生存や根本に影響を与える大きなことについては、その本質、他者とのつながりをじっくりと考えてみて、偉大な自覚に近づいていくと、まとめたいと思います。

常識とは
十八歳までに身につけた
偏見のコレクションのことをいう。

アルベルト・アインシュタイン（ドイツの物理学者）

「環境問題を解決するために、必要だと思うことを述べなさい」という作文の問題に「ひとりひとりが身近な問題に取り組む」という答えをしたとしたら、入試でよい成績がつくと思いますか。残念ながら現代の入試問題では高得点はつきません。いったい、どこがだめなのでしょうか。

点数がつかない理由は、環境問題を個々人の心の問題にすり替えてしまっている点です。確かに個々人の自覚は大切ですが、それを持ち出してしまうと、議論も思考も先に進まなくなって終わってしまうということです。

決めつけて、それ以上自分自身で思考することをやめてしまう物の考え方をステレオタイプと呼びます。例えば「○○は悪い」とマスコミで言っていると、深く調べず、深く考えずに「○○反対！」と主張する。悪玉を見つけると深く考えずに、追従して袋たたきにする。そういうふうにしていると何か、わかった気分に、よいことをしている気分になる。しかし、じつはそういうステレオタイプ的な考え方が世界を争いに、戦争に導いてきたとも言えるわけです。ひとりの悪しき指導者がいたから戦争になったという論法は成り立たないと思います。なぜならば、悪しき指導者ひとりでは戦争はできないからです。それに追従する多くの人々がいて戦争になるのです。またステレオタイプの発想は新しいものを生み出すことはできない。電話は通話するものという固定概念で凝り固まっていたらスマホは生まれなかった。障害者や経済的に困っている人を社会的弱者と決めつけて保護する政策しか取らないとしたら、社会的弱者とラベリングされる人たちが自分自身で活躍しようとする気持ちや発想を阻害してしまうかもしれない。

遅ればせながら日本の教育界もそのことに気づいて、アインシュタインのように自由な発想のできる人材を育てなければと考えるようになった。生意気な言い方をしましたが、それが今までどおりの、よい子の作文では点数をつけませんと変わってきた理由です。クリエイティブな世界では、もっともっと以前から、常識を疑えと言われてきました。常識は文化、宗教、国、地域によって多様です。これは常識でしょ、で片づけてしまっては、争いもなくなりませんし、物事の解決には何らつながらないわけです。

ということで、アインシュタインさんの「常識は偏見のコレクション」との言葉に、私も強く共感できます。国民に考えさせないために、わざと考える教育を排除している国以外では、国を挙げて常識とされることについても考え、議論をして、発想を転換する教育に取り組んでいます。世の中で常識と言われていることについても、なぜ常識なんだと自分の頭で考えることが、グローバル化社会で生き抜くために必要だと思うのです。

行蔵《こうぞう》は我に存《そん》す。
毀誉《きよ》は人の主張、
我に与《あずか》らず我に関せずと存じ候《そうろう》。

勝海舟（幕臣、政治家）

我が行いは自らの信念によるものである。けなしたりほめたりするのは人の勝手である。私は関与しないという意味です。

勝海舟さんは幕臣でした。戊辰戦争のとき、官軍が江戸に火を放つことを防ぐために薩摩藩の西郷隆盛さんと話し合って江戸城を無血開城し、官軍に勝ちを譲りました。後にこのことを福沢諭吉さんは「官軍と一戦もせずに膝を屈するとは、幕臣としてあまりに情けない」と批評したのです。

これに対して勝海舟さんが述べた言葉が「行蔵は我に存す。毀誉は人の主張、我に与らず我に関せずと存じ候」です。乱暴な言い方をすれば、自分の信念に基づいてしたことだ。外野は勝手に言ってろ。俺は知らん、と答えたわけです。

実践の人は、その行動の結果を後でとやかく言われやすい。もっと、ああすればよかった、ほかの選択肢もあったろうに、と人から言われる。

行蔵とは、世に出る、または身を引いて世に出ない、いわば出処と進退のことです。現代ふうに言えば、例えば名社長、名政治家、名スポーツ選手と言われた人が、急に引退発表をして隠居生活に入る。まわりは「何で今辞めてしまうんだ。もったいない」とか「逃げたのか」などを言うかもしれない。そんなときに「行蔵は我に存す」と答えるわけです。

自分の行動の真の意味は自分にしかわかりません。とかくプレイヤーは世間からああだ、こうだと批評されがちですが、ひとつひとつに「自分はこう考えていて……」と釈明するのは、潔くない。ときには「行蔵は我に存す」と一蹴することも必要なのではないかと思います。

中国に「燕雀安んぞ鴻鵠の志を知らんや」という故事成語があります。燕や雀のような小さな鳥には、鴻や鵠のような大きな鳥の志すところは理解できない。つまり小人物には大人物の考えや志がわからない、というたとえです。福沢諭吉さんが小人物という意味ではありません。勝海舟さんとの着眼点の違いと言えるでしょう。

あなたのまわりにいまだ残されているすべての美しいもののことを考え、楽しい気持ちでいましょう。

アンネ・フランク（『アンネの日記』の著者）

第二次世界大戦中、ドイツ軍のユダヤ人迫害を逃れて、オランダの隠れ家で二年間生活をしていたときに書いた日記が『アンネの日記』です。その後、アンネは隠れ家を発見されてナチスの強制収容所に送られて十五歳をいう若さでなくなりました。

隠れ家への入口は本棚で隠していたそうです。カーテンは閉めたままにする。トイレの使用は早朝と夕方以降にするなど隠れ家での生活はとても不便で、自由がなかったそうです。また食料も十分にはなく、アンネはひもじさに耐えて生活をしていたようです。

そんなアンネが「まわりにいまだ残されているすべての美しいもののことを考え、楽しい気持ちでいましょう」と言っていることが、私たちの心に響きます。

サザエさん症候群ってご存知でしょうか。サザエさんの放送される日曜日の夕方、翌日からまた通学・仕事をしなければならないという現実に直面して憂鬱になり、体調不良や倦怠感を訴える症状の俗称だそうです。

ゴールデンウイークも同様で、後半になるに従って憂鬱になってくる方もおられるのではないかと思います。世にいう五月病です。

そんなときには、アンネのこの言葉を思い起こしてほしいと思います。

相田みつをさんは「幸せはいつも自分の心が決める」と言っています。

シェークスピアは「他人もまた同じ悲しみに悩んでいると思えば、心の傷はいやされなくても、気は楽になる」言っています。

会社や学校が始まってつらいことがあったとしても、日々、その美しいものや楽しいことに目を向けて、自分はこんなに美しいもや・楽しいことに囲まれていて幸せなんだと思って生活をしてみてください。

いつも「私は幸せ」と言葉にしつづけてください。

それでもつらいときには、シェークスピアが言っているように、同じような悲しみをかかえた人がいる、ひとりじゃないんだ、ということを思い出してください。『アンネの日記』に手を伸ばしてみるのもひとつでしょう。

毎日少なくとも一回、
何か小さなことを断念しなければ、
毎日は下手に使われ、
翌日も駄目になるおそれがある。

フリードリヒ・ニーチェ（ドイツの哲学者）

ポイントは「小さなことを断念」と言っている点だと思います。大きなことを得るために小さなことを断念するのだと解釈するのが一般的です。では「小さなこと」って何でしょうか。

例えば、ゲームをがまんして勉強をする、お酒をがまんしてマイホーム資金を貯めるなど、小さなことをマイナスのことと考えて、手に入れる大きなことをプラスのことと考えれば、わかりやすい格言になるだろうし、この格言をそのように解釈する考えも多数みられます。しかし、それでは哲学者ニーチェの言葉として深みがありません。「世界は何か目標に向かって動くことはなく、現在と同じ世界を何度も繰り返す」とか「現世の苦しみは来世のためである」という宗教観を否定して「人生とは永遠の繰り返しである」と唱えるニーチェが「大きな目標のため、小さいことはがまんしましょう」と言うとは、ちょっと考えづらいです。小さなことを断念するくり返しが、つまり捨てることをくり返していくことが、人生を作り上げていく。何を選択するかではなく、何を捨てるかという哲学観と

して、この格言を捉えてみてはどうでしょうか。
もう少し分かりやすく説明します。
企業経営の世界では、「選択と集中」という戦略があります。自社の得意とする事業分野を明確にして、そこに経営資源を集中的に投下することを言います。会社ではなく、個人で考えるならば、自分の得意なことに集中して、その仕事で成功する、という意味になるでしょう。でも、得意なことって何だろう。自分に向いていることって何だろう。可能性を求めて、転職をくり返しても見つからず、一貫性のない職歴ばかりが増えてしまって困っている、という相談を受けることが多数あります。自分に一番向いていることなど、一生かけても見つけることができないのではないか。自分に一番を見つけようとするから苦しくなってしまうと思うのです。また自分自身を取り巻く環境や時代の流れによって「選択」をしたことに「集中」できないこともあるでしょう。自分自身を取り巻く環境や時代の流れのなかで、小さなことを断念することをくり返しているうちに人生。の道筋が作られていくと考えれば、その日に捨てる小さなことは見つけられるのではないでしょうか
断念するというのをネガティブに考える必要はない。自ら主体的に切って捨てる断捨離のような精神と考えればポジティブです。このように考えて生きていれば、挫折したと感じることがあっても、それは小さな断念だと捉えることで、先に進むことができると思います。

楽観的になりたいなら、客観的になることだ。

斎藤茂太（日本の精神科医、随筆家）

自分流の見方や、何かに対する執着から生まれる喜怒哀楽が自分を苦しめます。人を呪わば穴ふたつ。他人を呪い殺せば、自分にも返ってきて墓穴がふたつになるそうだ。愛する気持ちや感謝の気持ちはとても大切だが、裏切られたと感じたとたんに、憎しみに変わり、人を呪わばになりかねない。他人が運不運を断じることはできないが、よくよくふり返ってみると、運不運は平等にめぐってきていると言えるかもしれない。

何に対して「客観的」になれば、「楽観的」になれるか。自分自身や自分を取り巻く境遇について客観的になれば、楽観的になれるでしょう。

楽観的とはどういう状態か。行く末を必要以上に不安に感じたり、過去のことをくよくよ悔やまない状態。ありのままに受け入れ、「ケセラセラ」という状態。

私の場合は、特殊かもしれないが、自分に起きた出来事には、自分に原因がある、因果関係をたどると自分にたどり着く、そう考えると安心します。運不運に運命を左右されることが納得できず、また他者に自分のことを左右されるのがいやだから、そのように考えることで落ち着くのです。

例えば、道で人とぶつかって持っていた卵が割れてしまったとする。この野郎、ぶつかってきやがってと思うと、腹が立つ。でも、歩道が狭くて相手も通りづらかったんだな、大きくよけなかった自分も悪かったな、そう考えると怒りが収まります。

すべてを自分に原因があるって考えるのは、苦しい考えかもしれません。また、運命を受け入れずに自分に原因を求めることは、むしろ傲慢かもしれないです。

でも、何で自分に起きた出来事には、自分に原因があると考えると安心できるか、この格言と照らし合わせて、自分で納得できました。自分に起きた不運を自分に原因があると考えてたどっていくことで、人を呪わばにならず、客観的に観ることができるからです。

起きている結果の過去の原因だけでなく、起きている現在の状況を、また起こりうる未来についても客観的に観ることで、頭のなかでイメージで考えるよりもたいしたことはないと気づくことができるかもしれない。いずれにせよ、客観的であることは、楽観的であることにつながるのです。

どんな格言も先生も哲学者も
あなたより優れているわけではない。
あなたより優れているものは、
何もないのだ。

マーシャル・N・リバー（作者情報不詳）

この格言の意味は「世界に一つだけの花」的な、「世の中であなたが一番素晴らしい」と言う単純な意味ではないと、私は考えます。

もっと哲学的な意味として「あなたが作り出している世界、つまり自分自身や自分自身を取り巻く環境は、あなた自身のあり方によって決まる。格言や指導者は、あなたの受け止め方や実践の仕方によって、あなたやあなたを取り巻く環境に異なった影響を与える。つまり、格言や指導者が有意義になるかならないか、どのような意味を持つかはあなた次第なのです」という意味に私は捉えます。

例えば、とてもおいしい料理屋さんで食事をしたとします。でも、美食家でいつもおいしいものを食べなれている方にとっては、大騒ぎするほどおいしいと感じないかもしれません。味にこだわりがなく、何を食べてもあまり味に差がないと感じる人にも、おいしいと感じないかもしれません。

ご自身が料理屋さんで、おいしい料理を食べるとひがみを感じてしまう方にとっても、たいしてお

いしいとは思わないと感じられるかもしれません。一方、素直で、おいしいものは美味しいと思える人は、とても美味しい食事ができたと喜ぶかもしれません。食事を口にするそれぞれの人が、食事の主人公な訳ですから、その人のあり方によって、いただく料理への感じ方も異なるわけです。つまり食事では、食べる側が主人公で、料理や料理人は食べる側によって引き立つわけです。

格言や教育、哲学も同様です。受け止める側の感性や理解によって、深さや重さが異なっていくのです。とは言うものの、格言とされている言葉はみな、素晴らしい、名教師とされる人はみな、素晴らしい、と無批判で受け入れる必要はありません。受け止める側のあなたが主人公になって、有意義かそうでないかを決めて、受け入れるかどうかを判断すればよいと思います。

まとめると、受け止める側の受け止め方に応じて、入ってくる量も質も異なってくる。しかし、たとえ世の中で称賛されているものだとしても、受け止めるかどうかは、受け止める側に委ねられている。このような意味で、「どんな格言も先生も哲学者もあなたより優れているわけではない。あなたより優れているものは、何もないのだ」となるのだ、と私は考えます。

石に漱《くちすす》ぎ流れに枕す。

『晋書』孫楚伝の故事

晋《しん》の孫楚《そんそ》が、本来なら「石に枕し流れに漱ぐ、俗世間を離れ、人里離れたところで自由に暮らす」と言うべきところを「石に漱ぎ流れに枕す」と言い誤ってしまい、友人の王済《おうせい》にからかわれました。すると、負けん気の強い孫楚は「流れに枕するのは俗事を聞いて汚れた耳をすすぐためであり、石に漱ぐのは歯を磨くためだ」とこじつけたのです。だから、この故事成語は「負け惜しみが強いこと」を表しています。

では、この故事成語、みなさんの日常生活にどのように役立てたらよいか。何があっても自分の非は認めてはいけません。屁理屈をこねてでも、自分の非を認めることから逃れましょうという意味に捉えたらよいか。

訴訟を好む傾向がある社会ならばまだしも、和を以て貴しとなす日本では、自分の非を認めないことは、よろしくないことのように思えます。では、負け惜しみを言わず、素直に受け止めましょうという反面教師的な故事成語と考えるべきなのでしょうか。しかし、この故事成語、さすがに当てた漢字の「流石」や、夏目漱石の「漱石」というペンネームの由来となっているそうで、あながち否定的にばかりには捉えられてはいません。

考えてみると、孫楚の負け惜しみぶりは、機知に富んだ、あっぱれな負け惜しみぶりであり、現代医学では、汚れた耳をすすぐことも、研磨剤で歯を磨くこともする、負け惜しみが現代医学に通じる発明にもつながっているわけです。

日本には「武士は食わねど高楊枝《たかようじ》」など、やせがまんを美徳とされる文化がありました。江戸っ子は銭湯のお湯がどんなに熱くても、水で薄めずにがまんして入ると言われます。「武士は食わねど高楊枝」は、志を表している。食うために他者にかんたんに尻尾をふるのではなく、武士は忠義に生きる。銭湯のお湯を薄めないのは、あとから入ってくる者がぬるいお湯に入らなくてよいように、熱いお湯が好きな他者がぬるいと感じないように、という配慮が含まれている。

じつは、負け惜しみを言う人や、やせがまんをする人の心の問題にとどまらず、社会への配慮へひろがっていく場合があるのです。

教育の現場で、最近の小中学生を見ていると、すぐに負けを認めてしまう子、がまんができない子が増えているように感じています。負け惜しみを言うぐらいの負けずぎらいの子のほうが、学習もスポーツも伸びます。いつか立身出世するという向上心に裏打ちされたやせがまんは、今をがんばるパワーを生みます。

負け惜しみや、やせがまんという日本の伝統的な美徳について、子どもたちに伝えていく機会を設けてもよいのではないでしょうか。

使ったところが強くなる
頭でも身体でも
その反対
使わぬところは

相田みつを（詩人・書家）

翼学院グループに、空手団体の総裁がたずねてきてくれました。氷割りのギネス記録を持っている方です。空手家は拳に拳だこができていて、拳が強くなっています。不肖、私も空手をかじっているので、コンクリートのうえで拳で腕立てを百回しても、拳が傷つきません。水泳選手の肺活量にしてもしかり、確かに使ったぶんだけ、使ったところが強くなります。

私が、頭、身体、と同じように、使って強くしてほしいところが心です。

苦しい、悲しいと感じるとき、それはトレーニングをしていると、思うとよいのです。

私は筋トレマニアでもあるのですが、筋トレは筋肉に負荷をかけて、筋肉を壊してデカくする作業です。心は壊すまで負荷をかけては苦しすぎますが、苦しい、悲しいと感じたら、鍛えられているのです。「心がデカくなるぞ」と考えてほしいのです。

うれしいと感じるとき、心がたっぷりと栄養を取っていると考えて、その感覚を存分に味わってほしいと思います。どうせ、この喜びは長続きしないと疑ってしまうと、栄養は十分に行きわたりません。疑うことなく、どっぷりと喜びに浸って、明日からの糧にしてください。

心の実態は医学的には脳にあると言われますが、胸が締めつけられる、胸がキュンとなる、って感覚をみなさんも味わったことがあると思います。単純に、心＝脳では説明がつきません。

心を指してください、って言うと胸を指す人がほとんどでしょう。全身に血液を送り出し受け止める心臓、胸を中心として、全身で心を作っているのではないかと情緒的に考えるからです。

いっぱい人と関わって、いっぱい恋愛をして、いっぱいふられて、いっぱい人と喜怒哀楽を共有して、ときには、本や映画、自然などを通じて自分自身と向き合って、心をたくさん使って、心を強く、そして柔らかくしてください。

日本には、そんな人情や自然があふれています。

第3章
どうやって成長するか悩んでいるとき

経験は最良の教師である。ただし授業料が高すぎる。

トーマス・カーライル（イギリスの歴史家、評論家）

Ａ４の片面コピーを百枚、社員に依頼しました。まず試しに一枚コピーして、きちんとコピーできていることを確認すればよいのですが、確認せずに設定を百枚にしてコピーしてしまうので、原稿がずれていて百枚のミスコピーが廃棄処分となります。

「紙もコピー代ももったいないので、これから気をつけようね」

とやさしく諭します。さて翌日、今度はＢ４のミスコピー百枚が捨ててあります。コピーしたのは同じ社員です。

「昨日、一枚試し印刷することまで教えたじゃん！」

今度はちょっと切れ気味にこう言うと社員は、

「昨日の紙はＡ４でした。今日はＢ４です！」

と、社員が逆切れ。

落語みたいな実話ですが、どこの会社でも似たような話を聞きます。ひとつひとつ指示を受けないと単純作業もできないのが最近の若者の傾向でもあります。

次はA3の用紙でミスするのか。ここまでひとつひとつを経験しないと学べないと、本人も会社も困ってしまいます。カーライルさんの言うところの「高い授業料」です。

これは極端な例ですが、私自身も経験という「高い授業料」をたくさん払ってきましたし、今でも授業料を払いつづけています。ほかの人から見れば、A4とB4の違いを何度くり返すんだって感じることもくり返していることと思います。

それではどうしたらよいか。会社で言えば「失敗事例集」を作って共有することです。経営学の大学院では必ず、事例を考え抜くことで経験の代わりにする講座があります。

個人でいえば、ほかの人の経験から学び、自分がすべて経験しなくてもそこから学べると、授業料は比較的安くて済みます。他人の経験なんて、そう聞く機会がないよと思われることでしょう。だから本や新聞を読むのです。ただ他人事として読むのではなく、我がこととして読まないと、経験することと同じようには学ぶことができません。

例えば、犯罪の記事を読んだときに、こいつ悪いやつだと決めつけて終わりにするだけでなく、何でこんな犯罪が起こったのだろう、自分だったらどうするだろうって考えてみると、そこから学ぶことができます。

すべてを経験して学ぶことはできません。本を読んで、じっくりと考えてみるのもよいと思います。

私には特別な才能などありません。ただ、ものすごく好奇心が強いだけです。

アルベルト・アインシュタイン（ドイツの物理学者）

近年、草食系男子という言葉を耳にします。人によって定義が異なるようですが、共通するのは草食系動物のように、恋愛についてガツガツしていない男子という意味のようです。草食系男子は恋愛についてだけでなく、物欲、金銭欲についてもガツガツしていない傾向が見られると言われます。

バブル世代の私たちが若者のころには「異性にモテたい。いい車に乗って、いい服を着て、おいしいものを食べて」が価値基準のすべてのような行動をしていました。そのための方法については、貪欲に好奇心を持ったものです。そうか、一流と言われる会社に入ると年収が高くなるのか、そのためには一流と言われる大学に入ったほうがよいのか、そんなことを分析的に考えるまでもなく、少しでも有名な企業、少しでも有名な大学にみなが向いていました。そんなバブルの潮流に乗ってバブルがはじけ、欲望もはじけてしまって、あきらめることに慣れていってしまった方もいます。バブルがはじけても貪欲に欲望に忠実に生きつづけた人もいます。それはそれですごいことだと思います。でも、また欲望に基づいて、時流に乗って勉強や仕事をしているうちに、自分が本当に好奇心を持つことができるものを見つけて、その道を突き進んでいる人もいます。こういう人は強いです。欲望や流行のフォローが好奇心に純化したとき、人はすごい力を発揮すると思います。私のことをお話しさせていただくと、起業して成功しよう、がはじめにありきではありませんでした。文学や心理学、社会学など人に対する興味が強く、恥ずかしながら四十近くまで、そんなことばかり考えていました。でも、そんな人への興味や社会からの要望から翼学院グループを創業する必要性が生じて、会社をつぶしてお客様や従業員を困らせてはいけないという思いで経営学を学び、修士号を取得しました。起業することになって一番最初にしたことが、財務会計に関する書籍を十冊読みこんだことでした。苦手の克服を先にしてしまわねばという思いでした。

最初は必死なだけでしたが、勉強していくにつれて、経営学の背後には人がいることを実感しました。特に行動経済学、マーケティングに関しては、心理学、社会学と密接に関連しているので、学んでいてとてもおもしろくなりました。経営学修士を取得するため、ひととおりの勉強をしたら新聞記事やテレビのニュースが理解できるようになり、いっそう社会に興味を持つようになりました。こうして私の文系人間、社会科学系人間の度合いは強まっていき、アインシュタインさんからはいっそう遠くなったのですが、仕事に、生活にいかす方法が見えてくると、学ぶことも楽しくなりました。

この名言を通じてお伝えしたいことは、好奇心が強いことは代えがたい資質であるということです。学問の世界に身を置いている方だけでなく、多くの企業経営者、しかも様々な業種の上場企業の経営をしている方ともお話をさせていただくと、自分の専門分野以外へも幅広い好奇心を持っておられることを感じます。好奇心がひろがり深まるほどに、楽しく人生を送れるのではないかと思っています。

安心、それが人間の最も近くにいる敵である。

ウィリアム・シェイクスピア（イングランドの劇作家）

シェイクスピアさんが言っているのは、精神的な意味での「安心」です。バブル期には、いい大学に合格したからもう安心だ、よい企業に採用されたからもう安心だと言われました。結果、バブルがはじけて、全然「安心」ではないことがバレてしまいました。永遠の愛を誓い合う結婚生活も結婚したから、もう安心だと考えていると、突然キッチンのテーブルに緑色の届出用紙が置いてあったなんてことになりかねません。

「安心」を「あぐらをかいてしまう」に言い換えるとわかりやすいかもしれません。原文にあたってみたところ「敵」は原文では、〝ｆｏｅ〟という言葉を使っていました。日本語では「仇敵」に近い意味です。「年来の仇敵」などの使い方をする言葉です。〝ｅｎｅｍｙ〟のような戦争の相手国のような意味ではありません。身近にあって蝕んでくるものというイメージでしょうか。

パートナーにも、お子さんにも、そして自分自身にもあぐらをかいてしまわず、ちょっと危機感を持っているぐらいのほうがいい。

経営の神様と言われるパナソニックの創業者、松下幸之助さんが松下帝国を築いたのちでも、何度も自社を倒産させる夢を見て飛び起きた、と伝えられています。このエピソードは、あぐらをかいていなかったことの表われです。

浅草の雷門の大提灯の寄贈者は、どなたかご存知ですか。

この流れから、正解は松下幸之助さんだとおわかりになりますよね。松下幸之助さんに雷門の再建をお願いにあがった方から直接お話をうかがう機会があり、鳥肌が立ちました。一八六五年に焼失した雷門の再建を松下幸之助さんが行って以降、十年に一度はパナソニックによって大提灯の修復が行われているそうです。高校のクイズ研究会でも知っていそうなお話なのですが、実際のエピソードつきでお話しすると銀座のクラブでモテると思いますので、お父さんはぜひ試してみてください。

銀座のクラブでモテるエピソードを紹介することが目的ではなく、自他に対してあぐらをかかず、汗をかきつづけることが大切だ、ということがこの格言からの学びです。

どんなに売れても、
三百人、四百人の客前であがらないようなヤツは
芸人として感受性がないだろ。
俺、今もすごいあがり症だしな。

ビートたけし（日本のコメディアン）

私は大学時代に、たけし軍団の方と飲んでいて、軍団に誘って戴いたことがあり、真剣に漫才師になることを考えたことがあります。また、今も塾で指導しているので、自称「しゃべくり」の人間です。だから、お笑いの方の言葉には深く共感するものがあります。

最近は全国ネットのテレビに出演したり、生放送でロングインタビューを受けたり、経営者の方や教育福祉関係者の方の前で講演したりと人前で話す機会が増えました。そんな私が一番緊張するのが、子どもたちの前で授業をするときです。しっかりと内容が伝わっているか、おもしろく聞いてくれているか、熱量が高いか等々、もっとも気になるのが、もっとも馴れているはずの授業をするときです。

こんな図々しい私ですが、じつは私もすごいあがり症で、あがると言葉が出てこなくなることがあります。高校の校長先生をお招きした説明会の挨拶で「お盆休み」という言葉が出てこなくなり、保護者さんや塾生のみなさんに、がんばってと声をかけられたこともあります。

「ＴＨＥ　ＭＡＮＺＡＩ」で出待ちからステージに上がるお笑いの方の緊張感、自分を高める感じをテレビでご覧になった方もおられると思いますが、授業前はあんな感じです。

さて、何が言いたいのか。それは「プロ意識」についてです。ビートたけしさんと自分をならべてひとこと申すのはおこがましいのですが。

ビートたけしさんなど、すなわち、一流というのはそういうことだと思います。話す商売に限らず、製造業でも運送業でも一流の人はいつも緊張感を持っている。ルーティンの仕事であっても、手を抜くことはしない。だからこそ一流なんです。馴れが一番怖い。「九仞の功を一簣に虧く」という故事成語もあります。長い努力も最後の少しの油断からだめになってしまう、という意味です。一流のプロは、いやというほどそれを実感しています。

引退を考えるときは、緊張感がなくなったときなのではないかと思います。逆に言えば、あがり症、緊張しやすいあなたは、その道の才能があるということだと思います。

毎日、あなたが恐れていることを一つ行いなさい。

エレノア・ルーズベルト（アメリカ合衆国第三十二代大統領フランクリン・ルーズベルトの妻）

人は刺激を求める生き物です。特に衣食住に困らなくなってくると、何か非日常的な刺激が欲しくなってくる。ギャンブルやアルコールもたしなむ程度ならばよいと思うのですが、度をすぎて依存症になってしまうと、生活の根幹となる衣食住に支障をきたすようになってしまいます。

自分自身が起業家でもあり、慶應大学で社会起業家の育成の研究を行っている私のもとには、多くの起業志望者が訪れます。学生もいれば、社会人もいるのですが、社会人のなかには、サラリーマン生活に飽きてという動機の方もいます。そういう方には、起業して十年生き残れるのは六パーセントという統計があるという話をして注意を促します。

日常に飽き足らなくなり、刺激が欲しくなったらどうすればよいか。ワンランク上の自分に成長するためにはどうすればよいか。その答えのひとつがこの名言です。

自分の実力を直視することが怖いため勉強を避けて、本当はやればできるのだけれども、やらないだけだと言い訳をする受験生がいます。そして、ゲームやラインで暇つぶしをすることに逃げこんでしまいます。保護者さんもお子さんや家庭を直視するのが怖いため、すべて本人のやる気のせいにしてしまいます。

起業を希望するならば、資金を貯めるなど脱サラをする前に起業に向けて動き出してみればよいのですが、まずは資格を取ってからと教材を買いこみ、忙しいから勉強できないと逃げてしまう方もいます。

「恐れていること」にこそ本質、するべきことがあります。ダイエットを志したならば、食事制限がきついのか、運動がきついのか試してみて、きついと思うほうに意識的に取り組まないと、やせることはできません。

でも、生活全般を「恐れていること」だらけにすると苦しくて悲鳴があがってしまいます。だから「恐れていることを一つだけ」行うのです。

成果が出ないときこそ、不安がらずに、恐れずに、迷わずに一歩一歩進めるかどうかが、成長の分岐点であると考えています。

羽生善治（日本の棋士）

例えば受験生、三十点や四十点を取っていた生徒が、五十点、六十点を取るようになることは、そんなに難しくありません。正しい勉強方法で、日々の学習時間を増やしていけば、みるみる点数があがってきます。でも、七十点ぐらい取れるようになると、偏差値でいえば六十をこえるようになると、伸び悩む時期があります。そこで、俺（私）は頭が悪いから、これ以上伸びないとあきらめてしまうと、七十点や偏差値六十をキープできるどころか、ずるずると点数が下がっていってしまいます。

伸び悩んだときこそ、適切な指導者が必要です。間違った問題に共通する傾向、間違えた原因、その問題は全体のなかで最初に解いたのか、中頃に解いたのか、最後に解いたのか、問題を解いた順番、その問題にかけた時間数などを総合的に分析して、七十点を八十点、九十点にする、偏差値六十を六十五、七十と伸ばしていくサポートをする指導者が必要です。

仕事で行きづまったとき、スポーツで行きづまったときも同様です。もっと言ってしまえば、人間関係で行きづまったときも同様、自分が悪いとか相手が悪いと考えずに、どのような状況で、双方がどのような心情を持つことによって、ぶつかり合いが生じてしまったのか、試験問題を分析するように客観的に分析して対策を立てるのです。

このような分析を行うためにも、また分析に基づいて問題演習、トレーニング、仕事を続けるためにも「不安がらずに、恐れずに、迷わずに一歩一歩進める」ことが重要です。一千人をこえる受験生を指導してきて、また三百人をこえる入社希望者と面接を行ってきて、伸びるか止まってしまうか、さらにいうと下がっていってしまうかの分岐点はここにあると断言できます。

成果が出ているときには、先に進む意欲を持つことは難しくありません。また下がってきたときには焦りを感じ、何らかの対策を講じようと考えるのも人の常です。しかし、上りも下がりもしないときにどう動くかによって、成長できるか否かが決まるのです。そういう場合には、適切な指導者、助言者を探すことをお勧めします。指導者や助言者足りうるのは、その道を経験してきた人です。一流のプレイヤーと指導者の能力は別と言いますが、将棋をやったことのない人は将棋を教えることができません。それは極端な例としても、町の将棋名人では藤井四段を教えることはできません。別の例えを挙げると、人間関係で葛藤した経験が少ない人には、人の痛みはわかりづらい。生きている人物や周囲に適切な人がいない場合には、書物を師とすることもひとつでしょう。

ふり返ってみると私には多くの師がいて幸せだなと感じ、感謝しています。迷わず進むためにも、あなたの師を見つけてみてください。

うさぎ型の人は、うさぎのようなペースで生きるのがいい。
うさぎのような能力を発揮するだろう。
かめ型の人は、かめのようなペースで生きるのがいい。
かめのような能力を発揮する。
世の中には、さまざまな能力がある。
なぜかといえば、さまざまな能力が「必要だから」である。
さまざまな能力が活動することによって社会は成り立っている。

斎藤茂太（日本の精神科医、随筆家）

「みんな違って、みんないい」という金子みすゞさんの詩があります。様々な個性を持った人がいるからこそ社会なのであって、互いにその個性を尊重しあうことがとても大切です。

もし、俺なんか、私なんかと自分自身の個性を否定したくなったとき、「みんな違って、みんないい」という詩を思い出してほしいと思います。そして少し元気になってきたら、生きるペースや能力を発揮することについての斎藤茂太さんの言葉を思い出してみてください。

自分がちょっとずつでも成長していると感じられるとき、自分がこれでがんばっていると胸を張れるものがあるときに、自分自身を尊いと思う感情が高まります。

必ずしも他の人のペースで競争社会を乗りきる必要はないのです。自分がかめのタイプだったら、かめのペースでじっくりと一歩ずつ着実に進んでいくことがよいと思います。歩みが遅いと感じたとしても嘆く必要はありません。うさぎとかめの童話を思い出してみてください。

自分がうさぎのタイプだったら、継続的にこつこつと努力することは苦手かもしれません。ときには、怠け者などと言われてしまうことがあるかもしれません。でも、自分は短距離型のタイプだと周囲に伝えて、短距離を走るときには精いっぱい走ればよい。休んでいる時間があってもよいのではないかと思うのです。

私自身、注意欠陥多動性障害があり、うさぎのようにすごい速度で走り飛び跳ねたと思ったら、ばたっと寝こんでしまうことがあります。寝こんでしまったときには、いくら怠け者と怒られても動くことができません。注意欠陥多動性に双極性障害があるので、多動＋躁がかみ合うとすごいパワーを発揮する反面、鬱の時期には何もすることができません。自分の気質で悩んできましたが、できるときにすると開き直ったら、気持ちが楽になり、できることも増えました。

大切なことは、自分なりのペースで前に進んでいくこと。いくら周囲の人に「みんな違って、みんないい」と言ってもらったとしても、進んでいる実感がないと、何よりも自分自身が苦しいです。

自分のペースや能力を知っておくことが、進むために必要だと思うのです。

一般論をいくら並べても人はどこにも行けない。

村上春樹（日本の小説家）

お子さんや会社のスタッフの指導を行っていて、個々人の伸びで差がつくポイントだと感じていることがあります。それは一般論で終えてしまうか、個別論に踏みこんで自分自身のことととできるか、ということです。お子さんにしてもスタッフにしても、失敗したら反省はします。もしお父さん、お母さんがお子さんに、上司が部下に助言や指導をした際に、お子さんや部下がまったく反省しないとすれば、人間関係を見つめ直す必要があるかと思います。反発を買ってしまっていたり、助言を受け入れられない関係性ができてしまっているのではないかと思うからです。ただその反省のあり方については、個々人によって様々です。今後気をつけます、私が悪かったと思いますという一般的な反省で終わらせてしまうと、ちょっと形が変わった同じ失敗をくり返してしまう。でも、もっとだめなのが、「私が悪いんだ。どうせ私なんか……」です。こうなってしまうと、失敗のくり返しでは済まない、負の連鎖にはまってしまいます。

成長する反省、ふり返りの仕方は、何が問題だったのか、どうすれば再発を防止できるのかを自分の個性とつなげて考えてみること。敢えて、自分の個性とつなげてと言いました。それは、自分が悪

いという考え方ではなく、自分はこういう個性を持っているから、こういう点が苦手だとか、自分の個性を踏まえて、こういう行動をすれば失敗を防げるとか、もっと向上できるという発想です。

一般性の反対を個別性と定義するのならば、自分の個性と切り離して考えることはできません。例えば計算ミスが多い場合、計算ミスを減らすように注意するだけではミスは減りません。また、すべての人に共通する計算ミスを解消方法はないと言っても過言ではないでしょう。だから私たち指導者にとっては、生徒に途中式を全部書いてもらって、どこで躓いてしまっているのかを一緒に発見するのが重要な仕事なのです。数字を書くのが苦手だから9が7に見えてしまうのか、正負の符号で間違えてしまうのか、そもそも四則計算のルールがわかっていないのか、それを発見しないことには計算ミスを減らすように注意しようがありません。

生きるうえでの失敗も同じです。決められないのか、続けられないのか、いざと言うときにあがっちゃうのか、場合によってはその分野が自分に向いていないのか、その分析を行わないと同じ失敗をくり返してしまいます。ただ自分の個性を否定的に捉えず、あくまで個性と考えることが必要です。

自分を見つめるときにも、また自分の失敗を見つめるときにも、よし悪しとは切り離して、でも自分の個性や苦手なこと、失敗の原因や対処法は、具体的に分析することが、自分や周囲の人が幸せになるために必要だと思うのです。そういう意味で、一般論にとどめないで自分の個性とつなげて個別に考えることが重要です。

祈りと食事は、一人でするのが一番よい。

インド北部に伝わる格言

この格言には賛否両論あると思います。例えばキリスト教では、会衆、みんなで力を合わせて祈るという習慣がありますし、食事の前にもともに神に祈りを捧げるという習慣があります。

仏教では、ブッダが孤独のなかで悟りを開いたという逸話があり、原始仏典では悟りを開くためにはとことん孤独であることを勧めているそうです。両者を宗教や文化の違いと片づけてしまうのは簡単ですが、キリスト教でも修道士には「孤独と沈黙の行」があり、反面、仏教でも「サンガ」という出家修行者の集団が形成されます。

「祈り」は、神仏と向かい合うことです。「祈願」という言葉があります。祈りと願いのことです。両者は混同されがちですが、願いは思いを実現することを求めること、祈りはひたすら神仏と向かい合うことだと思います。個人的な実現を求めることが願いで、他者や世界に関することを求めることが祈りだとする考えもありますが、私はそうは思いません。例えば己を虚しゅうするため、自分のため、無になるために祈ることもあります。生きていることを神仏に感謝するために祈ることもあります。

祈りは、集団に対するものだとしても見返りは求めず、ひたすら神仏と向かい合うことである、と

考えます。つまり、祈りは天と私の関係ですから、他者が関与する余地が少ないと思うのです。

「食事」もプライベートなことです。みんなで会食していても、食べ物が身体に入っていくこと、栄養については共有することはできません。本来、食事は、他の生命を殺めて自分の身体のなかに取りこんでいくのですから、とても神聖なことです。だから食べ物を粗末にしてはいけないのです。ほかの生命と向かい合って、自分の生存をかけていただく。このように考えると会食をしていても、他者が関与する余地は少ないように思えます。

スマホをいじっている、ゲームをやる、動画を観る、これらのことはひとりでやることが多い個人的な体験です。でも、その背景には、LINEの相手がいたり、オンラインゲームで対戦していたり、動画を作った人がいるわけです。ひとりで黙々とやっているように見えて、じつは他者に依存している、支配されていると言っても言いすぎではないでしょう。

これに対して、神仏に祈っても、その場で答えは返ってきません。自らが食事をすることによって体内に摂りこむ生命は、何も語りません。でも、ひとりで行うそのような時間を持つことによって、自分の内側を観ることができますし、また自分のなかにある神仏と出会うことができる。

言い換えると、疑問に感じたことがあったら、考えずにインターネットで検索して、誰が言っているか不明確な他者の言っていることを受け売りするだけではなく、自分の心の声を聞く、天の声をたずねる習慣が生まれると思うのです。

どんな仕事でも喜んで引き受けてください。
やりたくない仕事も、意に沿わない仕事も、
あなたを磨き強くする力を秘めているからです。

稲盛和夫（日本の実業家）

掃除当番は面倒だからやりたくない、部活もかったるいからサボっちゃおうかな、そんな気持ちがきっかけで学校生活が乱れはじめてくる。先生に叱られて恨むようになり、友達ともぶつかり合うようになり、嫌いな学校だから科目の勉強をやるのもいやになって成績も落ちてくる。

新入社員も同様で、緊張が緩んでくると、要領よく仕事をサボっている、面倒な仕事は避けている先輩が目につくようになる。だんだん自分ばかりまじめに仕事をいていることがばからしくなり、手を抜くようになってくる。

水は低きに流れ、人は易きに流れる。自然の摂理です。

そんなときに、この言葉を思い出してください。あなたが取り組んでいる学習、仕事、生活はあなた自身を磨くために行っているのです。

ほかの人がサボっていたとしたら、自分だけまじめに取り組むことに不平を述べるのではなく、自分だけが磨かれて、強くなっていることを誇りに思い、喜ぶべきです。

教育者であり、経営者である私の立場から言うならば、見えないところでまじめに取り組んでいるのかどうか、直接見なくても手に取るようにわかります。言ってしまえば、顔を見るだけでわかってしまう。そして、見えないところで努力をしている人を高く評価します。企業で言えば、幹部に取り立てられる人は、見えないところで書類整理や清掃など人のいやがる仕事をしている人です。そういう人は仕事のうえでも成果を出します。

先輩の日本人は「お天道様が見ている」と勤勉に仕事や勉強をして、今の日本を作りました。

お天道様、神様、仏様という基準を失って、ＹｏｕＴｕｂｅやブログなどが普及して、横ならびの仲間からの評価を気にして生きてきた若い人は、「ウケる」「あっと言わせる」ことに意識が向きがちで、地道なことが苦手になってしまっている。

どうか自分を磨くために、やりたくない仕事、意に沿わない仕事、勉強に取り組んでください。長い年月になれば、大きな差になって自分に返ってきます。

あなたにできること、
あるいはできると夢見ていることがあれば、
今すぐ始めなさい。
向こう見ずは天才であり、力であり、魔法です。

ゲーテ（ドイツの詩人）

翼学院グループ創業のきっかけ、自らの生い立ちなど、様々な質問を受けるなかで、印象に残ったのは「ご自身（私自身）がどん底だったときから大きく飛躍した瞬間に、どんなことを心がけましたか」という質問でした。

私を描いてくれた漫画、『ドラゴン桜』のスタッフが描いてくれたんですけど、その漫画で波乱万丈な人生を送ってきたことを知ってくれての質問でした。

もともと、本を読むことが好きだったから、鬱病で動けなかったどん底のときには、ひたすら本を読んでいました。沢木耕太郎さんや大江健三郎さんの本を読んでいた記憶があります。

少し元気になってきたところで、ひたすら学びました。当時、発達障害を持つ生徒を支援にたずさわるボランティアをしていたので、発達のこと、子どものこと、子どもをめぐる環境のことをひたすら学びました。

でも、それで飛躍したのかとたずねられると、うーんと考えこんでしまいました。本を読んだり学んだりすることはきっかけにはなるけれども、それで飛躍はしなかったかなって。

それで改めて、その当時を思い起こしてみると、後先考えず動いた、ゲーテさんが言うように「向こう見ず」に動いたなって、思い出しました。

当時は何のバックグランドもない一ボランティアにすぎなかったのですが、医師や心理士など発達の専門家で構成される学会に出席したり、紹介もなく学校や病院に行って見学を申し出たりと、向こう見ずに動きまわりました。

思い起こしてみると、私自身のＡＤＨＤの特性もあるのですが、深く考えずに動きつづけて今に至ったという感があります。

だからインタビューの答えは「飛躍のした瞬間は、まず飛びこんでみた、動いてみたとき」です。例えば、お子さんの受験。保護者の方が「どうせ無理だよ」などネガティブな発言をするご家庭のお子さんは、残念ながらそのとおりになってしまうことが多いです。「無理だよ」という言葉がブレーキになって、本気ではじめることをためらってしまうのです。

ビジネスの世界でも、様々な経営者が意思決定の速度の重要性を説いています。現代の情報化社会ではスピードはとても重要です。意思決定が遅れてライバルに先をこされてしまうぐらいならば、まずはじめてみて、動きながら修正していったほうがよい。むしろ、動きながらのほうが修正すべき問題点を抽出しやすいのです。

どこに行くのか知らないなら、どの道を通っても同じだ。

アメリカの先住民のことわざ

目標地点を明確にして進むべきと考えるのか、途中、不安や困難があっても、手探りで進んでいくべきだと考えるのか、どちらと捉えても示唆に富んでいると思う。

このことわざを伝えてきた先住民が、十九世紀末まで定住せず大平原を駆けめぐって暮らしていたことからすれば「どの道を通ったらよいか、迷って踏み出せないならば、先には進めない。勇気を出して進んでいこう」という意味にとらえることが適切なのでしょう。アントニオ猪木さんは「この道を行けばどうなるものか　危ぶむなかれ　危ぶめば道はなし踏み出せばその一足が道となり　その一足が道となる　迷わずゆけよ　行けばわかるさ」とおっしゃっています。

翼学院で進路指導をしていると、自分に最も合った最適な学校を探すあまり、志望校が選べないという受験生や保護者さんも見受けられます。また、一生涯続けていける職業、自分の天職を探すあまり、転職をくり返したり、極端な場合だと動けなくなって自宅に引きこもってしまっている方も見受けられます。私自身の経験をお話しすると、最初から「教育・福祉」とがっちり決めて、今の仕事に就いたわけではありません。かっこいいからと憧れてマスコミで仕事をしたこともありますし、鬱で動けないけれども食っていかなければならないからと日払いの引越の手伝いをしたこともあります。道に迷い、グレたこともあります。その都度、天から、そっちの方向に進むんじゃないよと、ぴしゃりとたたかれました。不器用と言ってしまえばそれまでなのですが、悪いことをすると、どんな些細なことであっても必ず罰を受ける体質でした。そのなかで、苦しいこと、ほかの人のサポートを受けて救われたことなどを経験して、また子どもの頃の自分を思い返して、こういうサポートを受けられていればよかったと感じることがあり、また何よりも、鬱の自分自身が、子どもたちと接していることに救われて、「教育・福祉」の道に入り、翼学院を創設しました。

試行錯誤をくり返しながらも何とか生きて、何とか歩んできたら、猪木さん流に言うと「踏み出だしたその一足が道となり　その一足が道となる」となったわけです。

現在、翼学院グループの経営にたずさわってからもそうです。恥ずかしながら、きっちりと経営計画を立てて、そのとおりに進めてきたわけではありません。お子さん、保護者さんからの要望に応えて、あまり深く悩まずに進んできた結果が今の私であり、翼学院グループです。だから未熟ですし、まだまだ発展途上です。一生未熟で、一生発展途上でよいのではないかと最近は開き直っています。そのほうが、お子さん、保護者さんからの要望に柔軟に応えていけるのではないかと思っています。進みはじめる前に深く考えすぎると動けなくなってしまう、動きはじめてから不安になって足を止めると進めなくなってしまう。そういう意味では、「どこに行くのか知らないなら、どの道を通っても同じ」、行けばわかるさと開き直って、進んでいくことが重要なのかもしれません。

失敗はつまずくことではない。つまずいたままでいることだ。

作者不詳

「失敗は成功のもと」という格言もあります。失敗を怖れずにチャレンジしましょう、という格言はたくさんあります。逆説的に言えば、そのぐらいに人は失敗を怖れるということです。

では、失敗とはいったい、何でしょうか。例えば、受験で失敗するのは不合格になること、就職で失敗するのは、思った会社に入れないこと、結婚で失敗するのは離婚すること、でしょうか。

ふり返ってみると、私自身、不合格も、思った会社に入れないも、離婚も、一度や二度は経験していることです。では、私自身、失敗者かと問われたとすれば、図々しくも私は、そうではないと答えるでしょう。七転び八起きではないですが、転んでも何度でも立ち上がれば、失敗者ではなく、むしろチャレンジャーとして素晴らしいことではないでしょうか。

経営者のなかには、何度か会社を倒産させて、その都度復活して、最後に立派な企業を築いた方もいます。私が経営者の仲間入りをしたとき、経営者はやめない限り経営者だから、がんばりつづけなさいと先輩から励ましていただきました。受験で不合格になったら、翌年もその学校を受験して合格することもひとつでしょう。就職試験で不合格になったら、同業の他社に就職して立派な業績を上げ

ることもひとつでしょう。離婚してしまったら、もっと素敵な誰かと再婚することもひとつでしょう。

しかし、つまずいたままでいないというのは、何も同じことにチャレンジしつづけることだけではない、とどまってがんばることだけではない、と思うのです。

例えば、受験で不合格になったことをきっかけに、外国に渡って新たな道を見つける。就職試験で不合格になったことがきっかけで、資格試験を頑張ってプロフェショナルとして生きる。離婚でつらい思いをしたことをきっかけにカウンセラーになって人の幸せに貢献する。

転んでもただ起きない。つまずいたことをきっかけに何かをつかむ。必ずしも、自分自身を努力、努力で追いこまずとも、昔話のわらしべ長者のような、つまずいたことをきっかけに幸せが訪れることもあると思うのです。

動かないことには、幸せは訪れません。大きな一歩でなくても、外に出ることがつらいときに、コンビニに買い物に出る程度のことでも十分だと思います。一歩一歩、半歩半歩でもよいのです。

人間万事塞翁《ばんじさいおう》が馬

『准南子《えなんじ》』人間訓より

人生における幸不幸は予測しがたい、幸せが不幸に、不幸が幸せにいつ転じるかわからないのだから安易に喜んだり悲しんだりするべきではない、という意味でこの言葉は用いられます。

昔、中国北方のとりで近くに住む占いの巧みな老人（塞翁）の馬が胡の地方に逃げてしまいました。人々が気の毒がるなかで塞翁は「そのうちに福が来る」と言いました。やがて逃げた馬は胡の駿馬を連れて戻ってきたのです。人々が祝うと塞翁は「これは不幸のもとになるだろう」と言いました。すると胡の馬に乗った塞翁の息子が落馬して足の骨を折ってしまったのです。人々がそれを見舞うと塞翁は「これが幸福のもとになるだろう」と言いました。一年後、胡軍が攻めこんできて戦争となり若者たちはほとんどが戦死しました。しかし足を折った塞翁の息子は兵役を免れたため戦死しなくて済んだのです。

自分の人生をふり返って「不幸続きだった」と嘆く方もいるし、客観的にも「不運だね」という人生もあります。しかし、よくよく目を転じてみると、不幸が幸せに転じる萌芽がそこかしこにあるのではないでしょうか。例えば人間万事塞翁が馬の故事で考えたとき、塞翁が山に分け入って逃げた馬を探しまわっていたら道に迷ったり、獣に襲われて亡くなってしまったかもしれません。気の毒がっている周囲を尻目に「そのうちに福が来る」とどっしり構えていたから、馬は胡の駿馬を連れて戻ってきたと言えるかもしれません。

数根前の夏休み、海外旅行に向かう途中の電車で、私はパスポート、財布、クレジットカード、自宅の鍵、荷物一式を置き引きにあってしまいました。当然、旅行は中断。クレジットカードやパスポートを止めたり、自宅の鍵を変えたり、その日はさんざんな一日でした。夜になって一段落ついたので、気分を変えるために都内のホテルで一泊しました。置き引きの話をコンシェルジェに話すと、気の毒がってワンランク上の部屋を用意してくれ、素晴らしいサービスを提供してくれたのです。とても気分がよくなり「海外旅行に行けなかった期間、がんばって仕事をしよう」と考えて、本の執筆を進めることができました。そのときに書いた本がきっかけで私が経営する会社は発展しました。今でも仕事や生活で煮つまってくると、そのホテルをたずねることにしています。

幸も不幸も捉え方によって、その後の人生に大きく影響します。常に幸せの芽、四つ葉のクローバーを探して生きる姿勢が幸運を招くのです。

第4章 成功のためのヒントを知りたいとき

究極の成功とは、自分のしたいことをする時間を自分に与える贅沢である。

レオンティン・プライス（アメリカ合衆国のソプラノ歌手）

成功について、みなさんはどのようなイメージをお持ちでしょうか。お金持ち、偉い人、有名人、様々な成功に関するイメージをお持ちのことでしょう。では、みなさんは現在、成功なさっていますかという質問には何とお答えになるでしょうか。

胸を張って成功者だと言える方は、そんなに多くはないかもしれません。でも、成功を自分のしたいことをする時間を自分に与えると定義したならば、どうでしょうか。成功者の数はぐっと増えるのではないかと思うのです。多額のお金儲けはできないけれども好きな仕事をやっている。学会に足跡を残すほどではないけれども、好きな研究を行っている。仕事や学業以外の趣味の時間が充実している。レオンティン・プライスさんの成功像からすると、このような方はみなさん成功者です。成功と聞くと、何か他者と対比されて評価されているみたいで圧迫感を感じてしまう。あまり気分のよい言葉ではない。でも、自分を価値基準とした成功像であれば、もっと気楽に積極的に成功を求めて進んでいくことができるのではないかと思います。逆に、多額の収入はあるけれども、いやいや仕事をしているとか、成績は修めているけれども、やりたくない勉強をしている、つきあいでいやいや趣味のサークルに属しているなんて場合には、レオンティン・プライスさんの言う成功像からはかけ離れてしまいます。

人は自分で管理できないものについては、手に入れた実感を得ることはできません。例えばお金について、収入が高くてもローンなどの支出がかっちりと決まっていて、自分で判断して使える金額が少なければ何のためにお金を稼いでいるのかわからなくなってしまうことでしょう。時間についても追われるのではなく時間を管理できる立場に立てることが重要です。

ゲーム、趣味で時間を決めて行っているぶんには、好きなゲームをすることができる幸せを実感できることと思います。でも、課金ゲームでお金を払わなければゲームが続けられない、途中でやめられず目の下にクマをつくって徹夜でゲームをする、こんなふうになってしまったら幸せを実感するどころか、ゲームに、それを販売している会社に管理される人生になってしまいます。

さきほどから幸せという言葉を使っています。自分が幸せだなと感じることができなれば成功とはほど遠いと思います。幸せと感じる時間の長短は問わないと思います。例えば、ふだんは忙しく仕事をしているから、短いオフの時間が充実するように一定のコストをかける、短いオフの時間が充実すれば一定のコストを掛けられることについて、またふだんの仕事についても幸せと感じられるかもしれない。だからトータルで成功と感じることができる。その時間をどのように使うかはまだ決まっていなくてもよいと思います。仕事を引退して十分な時間を持つことができ、これから何にチャレンジしようかと考える時間もとても豊かな時間だと思います。

一年で二億五千万ドルも失ったのは、知っている限りでは私だけだ。人格形成に大きな影響を与える出来事だった。

スティーブ・ジョブズ（アメリカ合衆国の実業家）

二億五千万ドルは一ドル百円と考えると二百五十億です。想像もつかない金額ですね。スティーブ・ジョブズさんはアップル社を創業して上場させた後、一度同社のCEOを一九八五年に解任されているのです。そのときに株価が下落して自分の持っている株の下落で二百五十億もの損失が生じたとのことです。その後、ジョブズさんは別の会社を立ち上げたのちに、二〇〇〇年にはアップル社のCEOに返り咲いています。自分で創業した会社のCEOを解任された直後に新たな会社を創るという不屈の精神に敬意を表したいと思います。ジョブズさんが二〇〇〇年にアップル社のCEOに返り咲くまでに関与した会社には「トイ・ストーリー」などでおなじみのピクサー・アニメーション・スタジオがあります。倒れても、倒れても立ち上がるすごいパワーです。

ジョブズさんは生まれた直後に養子に出されたり、大学を中退したりとアップル社創業の前にも波瀾万丈な人生を歩んできました。そんな体験が彼のパワーの源泉になっていたのかもしれません。

さてジョブズさんが「二億五千万ドル失った」と言ったことが、どこが名言なのか。くよくよするなという励ましの意味と考えることもできるのかもしれませんが、そんなスケールの大きさ、誰にでもマネできることではないし、聞かされても励ましにならないと思われるかもしれません。

ジョブズさんが身を置いたビジネスの世界のお話をしましょう。企業に出資をするファンドは、リターンを求めて投資先の企業を探します。ここは、と思う企業を見つけたときに様々な観点から投資先の企業を評価します。その評価対象のひとつに投資先の企業の経営者が含まれるのは当然のことです。経営者を評価するにあたって、重要な要因は失敗体験だそうです。失敗体験をどのように立ち直ったかまで含めて経営的な視点から評価するそうです。逆に言えば、失敗体験のない経営者については、危険の乗りこえ方をしらないという意味で危ないと見るそうです。例えばウォルト・ディズニーさんのように会社を倒産させた経験を経て創業して大きな成功を収めた経営者はたくさんいます。

だから、失敗したほうがよいという意味ではありません。でも人間が生きていれば、たくさんの失敗を重ねていくことと思います。重要なことは、その失敗から何を学ぶか、そしてどのように受け止めて生きていくかです。

準備というのは、言い訳の材料となり得るものを排除していく、そのために考え得るすべてのことをこなしていく、ということですね。

イチロー（プロ野球選手）

準備は何のためにするのですかとたずねられると、本番でうまくやるため、成功するためと答えるのが一般的でしょう。では、うまくやる、成功するとはどういうことか。

たまたまうまくできたけれども、たまたま成功したけれども、もう一度同じことをやれと言われてもできない、これがプロとアマチュアの違いのように思えます。

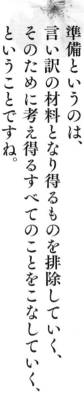

例えばゴルフ。私のように永遠に一〇〇を切れないアマチュアでも、たまにナイスショットが出ることはあります。そうすると次のホールではいきんでしまい、うまくやろうとしてショットが乱れてしまいます。ゴルフは「再現性」のスポーツだと言われています。うまくいったときと同じことができれば、スコアも良くなるわけです。まぁ、年間、三回もラウンドしない私には野球と同様にゴルフを語る資格もありませんが。

では、得意分野の格闘技だとどうか。格闘技は相手がある競技なので、そのときどき、相手によって異なり、再現性は求められないように思えます。でも、違うんです。得意技は相手が異なっても、バシッと決まります。試合でなくても同じです。自分でシャドーボクシングのように相手を仮想した動きの練習をしていても、得意技は再現性があります。反面、未熟な技は複数回のうちに一回しかはまった動きができません。

どんな種目、競技であっても、練習時にうまくいかないことは本番ではできません。できたとしてもまぐれです。だからプロ選手は、まず練習時にできるようになるために努力する。そして練習でできるようになったことを、本番で再現できるようにするために準備するのです。ここに至って、はじめて準備という言葉を使うことが許されるようになります。

実際の試合では、相手にかく乱された、会場のコンディションが悪かった、体調が悪かった、など上手くいかない理由は山ほどあります。でも、どんな状態でも再現できるのがプロです。だから、イチローさんの言うとおりに「言い訳の材料となりうるものを排除していく」のです。苦手な相手に戦い方が近い選手とスパーリングを重ねる、雨のなかのバンカーの練習を重ねる等々「考え得るすべてのことをこなしていく」わけです。

仕事にしても、勉強にしても同様です。そっくりそのまま、ご自身のなさっている仕事や勉強に置き換えてみてください。

発想というのは、うんうんうなってパソコンの前でひねり出すものではない。どちらかといえば反射神経の問題ですね。

秋元康（日本の音楽プロデューサー、作詞家）

どんな仕事でも勉強でも、反射神経は大切です。将棋や囲碁やチェスは、定石を学ぶことからはじまると言われています。もちろん定石どおりに打っていけば勝てるわけではありません。スポーツでは基本動作を学んで、それを応用した技を身につけ、試合中、条件反射で体が動くようにトレーニングする必要があります。将棋や囲碁の定石は基本動作かつ応用技であるわけです。

仕事にも勉強にも定石はあります。条件反射で動くことができるまで、反復して定石を身につける必要があります。パソコンの前でうんうんうなるのはこの段階で絶対に必要なわけです。音楽家や画家などの才能に依拠するアーティストについて、持って生まれた絶対音感などの才能だけで勝負できると誤解している方もいます。それはとんでもない話です。ソルフェージュやデッサンを幼い頃から徹底的に学び、定石を身につけたうえで、即興が生まれるようになるのです。

だからこの名言は、ファーストステップとしては逆説的に、反射神経が働くようになるまで定石を徹底的に身につけることが重要だという意味で捉えたいと思います。

でも、定石を知ってそのとおりに動けるだけでは、一流のプレイヤーになれません。アドリブで動くことができる反射神経が必要です。

ビジネスの世界では事業戦略、いわゆるビジネスモデルはじめにありき、と考える起業志願者も少なくありません。どんなにパーフェクトなビジネスモデルを持っていたとしても、お客様が何を求めているかについて、お客様を目の前にして感じ取る力がなければ、起業しても成功しません。ビジネスモデルは絵に描いた餅になってしまいます。お客様の求めているものを敏感に感じ取る顧客感度を高めるためには常にお客様に接して反射神経を高めることが必要です。この顧客感度も意識的に高めようと努めないと高まりません。目の前のお客様をぼーっと眺めていたり、また自分本位でお客様を型にはめようとしていると、絶対に顧客感度は身につきません。

秋元康さんが三十年以上前のおニャン子クラブと類似のビジネスモデルでＡＫＢ48でも成功しているのは、ビジネスモデルが優れているからだけではありません。秋元康さんならではの顧客感度をお持ちで、条件反射でそれが生まれてくるぐらいまで市場のなかでトレーニングをされてきた賜物だと私は感じています。

一生の終わりに残るものは自分が集めたものではなく自分が与えたもの。

渡辺和子（ノートルダム清心学園理事長）

私は受験生の面談対策、翼学院グループの入社試験での面談など様々な場所で面接官を務める機会があります。面接を行っていて最も尊重するのは動機です。とは言うものの、貴校の建学の精神が素晴らしい、貴社の社会的役割に賛同してなど、面接受験者はあらかじめ準備をしてきているのだから、それなりに志望動機を話すことはできます。待ってましたとばかりに美辞麗句をならべ立てるのが通例です。そんなときに私は、あなたにとって自己実現はどんなことですかとたずね、併せて、あなたは誰に何を与えたいですかとたずねます。自分にとってのミッションを自己実現と他者に与えたいことの両面からたずねるのです。学業においても、職業においても、この両輪がしっかりしていないと挫折します。

例えば、入社試験。そこでお金を稼ぎたい、将来自分で起業したいなど本音はたくさんあることでしょう。欲を持つことは成功のために必要な要件です。では、お金を稼いでどうしたいのか、特に起業なんて言葉が出ると、起業したいのはなぜかを必ず聞きます。翼学院グループには、将来、塾を経営したいという動機で入社試験を受ける方も少なくありません。そういう志を持っている方は大歓迎です。でも、田舎に帰って両親の面倒を見ながら塾でもやりたい、塾を経営してお金が欲しい、それは自己実現の話です。自己実現をするために力を貸してくれるほど、世間も市場も甘くありません。

学習が苦手な子どものために尽くしたい、日本を背負《しょ》って立つ天才を育てたい、子育てで苦しんでいる保護者を支えたい、誰に何を与えたいのかというミッションが明確な人は成功します。金儲けだけしたいならば塾である必然性はない、小売業である必然性もない、建設業である必然性もない、このように様々な業界である必然性がなく、居場所はなくなってしまいます。転職をくり返す人になってしまいます。何より人に与える喜びを感じることができないと、仕事をしていても自分自身が楽しくありません。

受験の面接も同じです。「将来、医師になりたいからこの高校でしっかりと学びたい」「なぜ医師になりたいのですか」「人を助けたい」「人って誰のことですか」「病気で苦しんでいる人」「どんな病気?」「まだ考えていません」これでは、とってつけたような使命感だなと面接官に見抜かれてしまいます。

誰に何を与えたいのかというミッションをしっかり持っていると、困難に当たったときにも強いです。自分の欲のためだと、自分の欲をがまんすればいいかと妥協しがちです。でも、誰に何を与えたいのかというミッションをしっかり持っていると、あきらめそうになったとき、その人たちの顔が浮かんできます。「頼むよ」って声が聞こえてきます。彼ら、彼女たちのためにがんばろうと踏みとどまることができるのです。

あなたの運命が形作られるのは、あなたが決断する瞬間なのです。

アンソニー・ロビンズ（アメリカ合衆国の自己啓発書作家）

自分の行動や人生をふり返ってみるとき、はっきりと決断をしないで、行き当たりばったりに動いてきたことがいかに多いかに気づき、驚かされます。例えば受験生。この学校に入学して○○をしたいというはっきりした動機を持っている受験生よりも、自分の偏差値ではこのぐらいの学校かな、家から近いのでここでいいかなと、消去法で学校を選んでしまっている受験生が多いように感じます。就職先も同じです。有名な会社だから、何となくかっこよさそうだからという曖昧な動機で就職先を決めてしまうと、仕事を始めてから、こんなはずではなかったとなりかねません。

私はバブル経済まっただなかのときに大学を出て、当時は花形企業だった証券会社に就職をしました。本社市場部に配属されて、ほかの方から見ると順風満帆の人生のスタートのようでした。でも、お金だけが自分の目の前を通りすぎていくことに仕事をしている充実感を持てず、もっと人に接する仕事がしたいと考えて、経営者の中内功さんに憧れてダイエーに転職しました。当時のダイエーは球団を持ったり、ホテルを経営したりと派手な部署がたくさんありましたが、自分で今度は直接、お客様と接する仕事がしたいと考えて、店舗の仕事を選び店長になりました。その経験が現在、お客様と接するときに、またスタッフを指導していくにあたっていかされています。証券会社からダイエーに移るときには、周囲に反対されました。ばりっとしたスーツを着て多額のお金を扱う仕事から、エプロンをつけてひと玉百円のキャベツを売る仕事に転職するのはどうかと大学の同級生にも言われました。でも、とにかくお客様の喜ばれる顔を近くで見ることができる仕事をしたいという自分の決断は変わりませんでした。ふり返ってみると、このような決断や経験の積み重ねが今の自分を作ってくれています。とは言うものの、毎日の昼食や観るテレビ、寝る時間まで決断と考えてしまうと、堅苦しく、かえって元気がなくなってしまいます。でも、ここぞという重要な局面では、ぜひご自分の将来像を描いて、ご自分で決断をしてほしいと思います。

「中学の先生に勧められたからこの高校を選んだ。だけれども入学してみたら最悪だった。もう高校を辞める」なんて声を聞くこともあります。志望する学校、先生、生徒を自分の目で見て、自分の足でキャンパスを歩いてみて、文化祭や体育祭を見学して、志望校を決めるべきです。そのようにして志望校を決めれば思いが強くなり、受験勉強も乗りこえられます。入学した後に困難なことがあっても自分で選んで苦労して受験勉強をして入学した学校だからと踏みとどまることができます。自分で決めたことは、人のせいにすることはできません。

年齢を経るとその人の生きざまが顔に出ると言われますが、自分の決断の上に経験が積み重なって、人間が作られていくことを考えると、そのとおりなのだろうと思います。

石の上にも三年という。
しかし、三年を一年で習得する努力を怠ってはならない。

松下幸之助（日本の実業家）

恥ずかしながら、私は若い頃、周囲の大人に「生き急いでいる」と言われていました。追い立てられるようにいつも何かをしていなければ気が済まず、すぐに決断しなければならない、すぐに動かなければならないとあたふたしていました。また文学かぶれで、死というキーワードに対して非常に敏感で、いつ死を迎えるかわからないというとがった感覚だったことも、生き急いでいると評される原因だったのでしょう。

でも、二十四時間戦えますかという栄養ドリンクのＣＭに象徴されるように、考えてみると私が青年だった頃には生き急いでいる人がたくさんいたように思えます。最近の若者に、二十四時間戦えますかなんて聞いたら、冷たい目で「何、言っているの？」という答えが返ってきそうです。

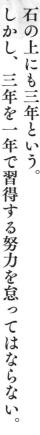

翼学院グループで採用試験を行っていると「残業はありますか」「有給は何日ありますか」「転勤はありますか」という質問を受けることがたくさんあります。マイナビの調査によると、企業を選ぶにあたっては「仕事のやりがい」よりも「安定性」や「給与」「福利厚生」を重視する傾向にあるようです。

もちろん、働く人にとって働きやすい職場であることは大切で、会社が過度な残業などを強いることはもってのほかです。手前味噌ながら翼学院グループは職場としての働きやすさも評価の対象となって「日本でいちばん大切にしたい会社大賞」を受賞しました。でも、そんな「日本でいちばん大切にしたい会社大賞」受賞企業の経営者である私も、スタッフひとりひとりの成長、ということを真剣に考えたときには、自分のためにどこかで踏ん張りどころを作ってほしいと思うのです。

一定の負荷をかけないと筋肉は成長しません。仕事や勉強、人生も同じです。自分自身でどこかで踏ん張って負荷をかけることによって大きく成長できるのです。軽いエクササイズを三年続けてもマッチョにはなれません。必ずしもみながマッチョになる必要はないのですが、強い筋力を持っておくと、いざとなったときに踏ん張りがききます。

筋トレは長時間やればよいわけではないと言われています。短時間で密度の濃いトレーニングをすることが、筋力アップの秘訣だと言われています。仕事や学習も同じです。長時間だらだらと続けているよりも、決められた時間の範囲でいかに濃度を高めて行うかが重要です。松下幸之助さんがおっしゃっている「三年を一年で習得する努力」とは、三年分の仕事を一年間で残業してでも行えという意味ではなく、既定の就業時間の濃度を高めて集約的に仕事を習得する努力が必要という意味だと私は考えます。集約力、処理速度が高まれば効率的になり、仕事が楽になります。

松下幸之助さんが仰っている「三年を一年で習得する努力」を生き急いできた世代の名残りだと思わず、いざとなったときに踏ん張りがきく「人生のマッチョ」になるためのひとつの方法をして考えていただければと思います。

もし、木を切り倒すのに六時間与えられたら、私は最初の四時間を斧を研ぐのに費やすだろう。

エイブラハム・リンカーン（アメリカ合衆国第十六代大統領）

私のような凡人との違いを感じるお言葉です。私が六時間与えられたら、さびた斧で一時間切り、腕が疲れて一時間休んで、ようやくさびていることに気がついて、そうこうしているうちに六時間すぎてしまって木は切り倒せず、となりそうです。

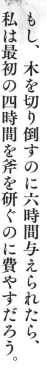

この格言は、初期段階の分析と、ことをはじめる前の準備の重要性を語っていると思います。経営学でいうところの戦略の重要性です。行き当たりばったりで動いていると無駄な労力を割いて結果を出せなかったり、また行きつく先が所期の目標と異なってしまう。達成すべき目標を設定するだけでなく、その途中経過、プロセスも考えておく重要性は、リンカーンさんのたとえでいえば、木の固さや太さを確認して、どこから切りはじめればよいか、どんな道具を用意すればよいかをあらかじめ考えておく、ということになるでしょう。

また準備の重要性については、言うに及ばないと思います。泥縄式で次々に足りないものを思いついて、それを補っていると、与えられた時間はあっという間にすぎてしまいます。私は受験指導を行っているなかで、一問目からすぐに解きはじめてはならない、と教えています。テストがはじまったら、まず問題全体を概観して、どこにどんな問題があるのか、どの問題が解きやすそうか、どこで得点するかまで、最初に計画を立てることを勧めています。ただ計画は一～二分の短時間で立てないと、計画だけで時間を大きくロスしてしまうので注意が必要です。

例えば国語の問題。文章題の一問目って比較的難問が多いという傾向があることをご存知でしたか。一問目に難問を置いておき、受験者の動揺を誘うために、そのような配置を行うのです。こんなことを事前に知っておくと、やはり一問目に難問がきたなと飛ばすことができます。一問目でつまずいて慌てるのと、精神的にも大違いです。このような準備、得点計画を立てるためにも、自分が受験する学校の過去問題をたくさん解いておくことは大切です。傾向になれるだけでなく、受験当日の準備や解く順序やここで何点取ってという得点計画をあらかじめ立てることができるのです。

これは受験に限ったことではありません。人生という長期的な視野でみると、このぐらいの年齢で第一子を出産して、何年後には子どもの大学の入学費用が必要でとか、この年で退職して、その後の人生にはこのぐらいのお金が必要でとライフプランを立てるのは、次のステージへの準備や計画をするということなのです。ただプランどおりにいかないのが人生です。プランどおりに行かなかった場合にはどうするか、経営学の世界ではその場合もシミュレーションして事後策を考えておきます。受験では、第二希望やすべり止めを用意しておくのと同様です。

決断するときは、たとえその手が危険であっても、わかりやすい手を選んでいる。

羽生善治（棋士）

よいビジネスモデルは、誰からみてもわかりやすいモデルだ、と経営学の世界では言われています。羽生さんがおっしゃっているように、自分自身が納得ができる、わかりやすい手を選ぶことは大切です。また経営学の世界では、得意分野に資源を集中する「選択と集中」という考え方と、リスクを分散するためにヒト、カネ、モノを言われる経営資源を分散させる「事業ポートフォリオを組む」という考え方があります。

最近は、選択と集中戦略は失敗を招きやすいなど、と経営学者の間で言われていますが、事業の立ち上げ時期には突破するためには一極集中せざるを得ず、しかし事業が軌道に乗ってきたら古い商品やサービスにしがみつかず分散を図っていく。このように、どの戦略というよりも時期と時代により、取る戦略は異なると私は考えます。

人生にとっても同じだと思います。受験や就職活動など「ここぞ」という局面では、選択と集中を行わなければ突破できません。しかしその際に、険しくともより強い思いのある道を選ぶのか、よりリスクが少ない道を選ぶのか、人によって選択は異なることでしょう。また老後に備えて資産運用を行う際に、より大きなリターンを求めてリスクを取る比率を高めるのか、安定志向で行くのかも人によって選択は異なることでしょう。

「何かするから痛い目をみるのさ。リスクを避けるにはできるだけ動かないことが一番」と考える方もいるかもしれませんが、何もしないのが一番のリスクとも言われます。何もしないと急変する時代の流れに取り残されてしまうからです。しかしリスクを微塵にも考えずに突き進んでしまう人は愚か者と言われてしまいますし、リスクばかりを考えて動くことができない人は臆病者と言われてしまいます。それでは愚か者にも臆病者にもならずに、人生設計をしていくためにはどうすればよいか。羽生さんの格言はその答えを考えるにあたって参考になります。

わかりやすい手ならば、どこに危険が潜んでいるかについてわかりやすい。仮にその手の危険性が高いとしても、危険が潜んでいるポイントを知っていれば、回避したり、被害を最小限に留める方法を考えることができる。逆の面から言えば、どんなに安全な手だと人に言われても、自分で理解できない手は選択しないということになるかと思います。そうすれば投資詐欺などに引っかかってしまう可能性も減るのではないかと思うのです。

危険性も含めて予測を立てられる、自分自身にとってわかりやすい道を選んでいけば、例えそれが険しい道でも、ゴールに到達することができるのではないかと思うのです。

行為する者にとって、行為せざる者は最も過酷な批判者である。

福沢諭吉（慶應義塾の創設者）

アップル社の創業者スティーブ・ジョブズは「他人の意見で自分の本当の心の声を消してはならない。自分の直感を信じる勇気を持ちなさい」と言っています。

このふたつの名言を聞くと「行為せざる者」や「心の声を消そうとする他人」は、悪意で、いじわるで批判する人であるように思えるかもしれません。

でも、じつは批評家っぽく、いじわるに批判する人、心の声を消そうとする他人は、そんなに怖くないのです。なぜならば、行動する人を「負けるか！」と、かえって奮い立たせてくれるからです。

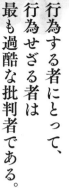

厄介なのは、親切な顔で心の声を消そうとする他人です。もちろん、その人にとって著しく圧迫となって押しつぶされてしまうような無謀な挑戦は行うべきではありません。でも、人は絶対に成し遂げられないことに挑戦しようとは思い立たないのが普通です。だから、挑戦しよう、と思ったことについては、やり方次第で達成できると思うのです。

私の身近にあったエピソードをひとつお話しします。受験勉強が苦しくて、精神的に圧迫を受けている中学生がいました。ストレスから、親の財布からお金を盗むようになったとのことで、保護者も腫物にさわるような対応で、思い悩んでカウンセリングに連れていきました。カウンセラーは「無理をしなくていいのよ。受験が人生のすべてではないんだから」「あなたは本当はよい子なんだから」と言いつづけました。しかし、その子が親の財布からお金を盗むことは直りませんでした。私が面談を行ったところ「志望校は下げたくない」「カウンセラーの言葉では救われなかった」とのこと。私の助言はシンプルで「だったら、かっぱらいなどしていないで、受験勉強をしろ」。腫物にさわるような対応をする代わりに、受験勉強を突破できるように学習指導をして、受験に向けたエンパワーメントを行いました。結果、志望校に合格して、精神的圧迫も晴れて、お金を盗むこともなくなりました。

ご両親からの「うちの子なんだから、そんな高望みをしても無理だよ」という発言も同様です。子どもを圧迫したくない、そして失敗することで家族全体が傷つくことを潜在的に怖れての発言なのだと思うのですが、家族や指導者から「無理しなくても」と言いつづけられたら、福沢諭吉先生は思想や慶應義塾を遺せなかったし、スティーブ・ジョブズさんもＭａｃｉｎｔｏｓｈやｉＰｈｏｎｅを発明できなかったと思います。

ということで、挑戦をしている方を大切に思うご家族、指導者、支援者は、負荷のかかりぐあいに注意しながら、黙って見守ることも必要です。

挑戦者は、ときには他者の言葉に耳を貸さずに、自分の願いに忠実に進むことが必要です。

背《はい》水《すい》の陣

『史記』より

川、湖、海などを背にして構えた陣立てを意味し、退却すれば水に溺れてしまうことから、一歩も退くことができないという状態で事に当たることを言う。

漢の武将である韓信が趙と戦ったとき、兵たちを敢えて山上の砦から下ろして不利な立場にし、川を背にして戦わせた。兵たちは一歩も引けない状態で、死に物狂いで戦闘し、趙の軍を打ち破ったと言う。

受験で背水の陣を敷くとはどのような状態でしょうか。退路を断つのが背水の陣。ですから、さしずめ第一志望以外は受けないことでしょうか。でも、もし一校しか受けないで落ちてしまったら浪人してしまいます。

もともと、背水の陣ってそのように兵を心理的に追いこむだけの戦法だったのでしょうか。

言うまでもなく、背水の陣は戦の陣形のことです。韓信軍の本軍が川を背後にして陣を構えます。当時の戦い方では川を背後にして陣を構えるのは愚かだとされていました。相手の軍は「韓信軍は戦い方を知らない素人の集まりだ。一気に攻めてしまえ」と自らの城をもぬけの殻にして、川を背後にした韓信軍の本軍を攻めます。その間に別動隊が敵の城を攻め落とした、という戦い方なのです。鍛えられていない軍隊が背水の陣を敷けば、水に落ちてしまうか玉砕してしまうことでしょう。

背水の陣で第一志望しか受けなかったからといって、それまで勉強してこなければ落ちてしまいます。それまでつちかってきた実力以上の奇跡は起きるものではありません。

生活が苦しい。だから背水の陣で、競馬で、パチンコで一発勝負をする。これも背水の陣ではなく、やけくそ、運任せです。

また、韓信が敷いた背水の陣でも、自分の軍に少なからぬ犠牲者が出たことでしょう。

似た格言に「身を捨ててこそ浮かぶ瀬あれ」があります。

「捨て身の覚悟で取り組めば、危機を脱し活路を見出せる」という格言もあります。これは空也上人が仏教の悟りの境地を解いた言葉とされています。悟りの境地に到達するまで修行を重ねてきたときに、身を捨てることで活路が見いだせる、ということです。

背水の陣は、それまでの十分な準備、鍛錬に裏打ちされた戦略であり、やけくそや一発逆転ではなく、また不用意にお子さんや部下を追いこむための格言ではないことをお伝えしたいです。

第5章

生きることの意味を知りたいとき

絵の本質は額縁にあり。

G・K・チェスタトン（イギリスの作家）

普通は絵がはじめにありきで、それにマッチした額縁を選ぶことになりそうです。本質が額縁にあるとはどういう意味でしょうか。この格言は逆説的に聞こえます。どんなに絵を自由に描いたつもりでも、額縁に制約される。これまで生きてきた人々の哲学や歴史のなかでこそ、思想の自由が輝く、この格言はこのような意味だと一般的に言われています。

私は岡本太郎さんの絵が好きです。太郎さんのパートナーだった岡本敏子さんがご存命だった頃、青山にある太郎さんのアトリエに入れていただいたり、太郎さんが即興で弾いたピアノの音源をいただいたりしました。太郎さんの絵はキャンパスに収まりきらない大きい絵もあります。渋谷駅には「明日の神話」という壁一面に描かれた大作があります。大阪万博の「太陽の塔」にしてもしかり、額縁や美術館から飛び出して、作品としてひろがっている点、その生命力に感服します。

二〇一八年十月、イギリスのオークションで、日本円にして約一億五千万円で落札された絵が直後に自動的に額縁から飛び出てきて裁断されたと大騒ぎになった事件がありました。画家のバンクシーさんがあらかじめ仕組んでいたそうで、インスタグラムで「破壊の衝動は創造の衝動でもある」とい

うピカソさんの言葉を引用したことも話題となりました。これも絵画が額縁に収まりきらない例です。

それじゃあ、絵の本質は額縁にはないじゃないかって感じますよね。チェスタトンさんのお言葉はどのように考えたらよいのでしょうか。

額縁を広く、時代性や歴史の枠として捉えると理解が進むと思います。例えば、モネなどの印象派は、当時の主流であったフランスの、技巧的で貴族的な画風への批判からスタートしています。あえて大雑把な言い方をすれば、貴族から市民へ、絵画の主流が移り変わっていったという歴史的な位置づけがなされます。絵画に限らず、思想にしても、生き方にしても、時代という枠組みのなかで位置づけられたときにその存在意義が浮き彫りになります。まさに、既成概念の破壊が創造につながっていくわけです。でも、既成概念を破壊するということは、既成概念からスタートしているわけです。

私たちの生き方としてはどう捉えればよいか。先祖があって、時代があって、私たちがいる。私たちの生きざまがある。時代を先駆けて新しいことをしているつもりでも、歴史という大枠、額縁のなかで見れば、必然的、生まれるようにして生まれたにすぎない。だから傲慢にならず、先祖や時代や地域のなかで歩んでいることを意識して、人類を破壊してしまわぬように心がけて、創造的な営みを続けていくべきだ。どんな偉人であっても歴史的にふり返ったときには一ページの登場人物にすぎない。こんな解釈はどうでしょうか。

単純に謙虚という言葉では片づけられませんが、新しいもの、創造的なもの、破壊すら過去に立脚していることを忘れてはならない、という意味をひとつの考え方としてお伝えしたいと思います。

我、神仏を尊びて、神仏を頼らず。

宮本武蔵（江戸時代の剣術家）

武道家、格闘家で特に西洋の選手には試合前に十字を切って神に勝利を祈る方も多いですが、一度リングにあがると、ひたすら拳を突き出し、相手に応じて変化して勝利を勝ち取ります。演奏家も同じでしょう。演奏がはじまったら周囲と楽器と自分が一体となって、演奏する場に応じて変化して曲を奏でます。

スマイルズの『自助論』では「天は自らを助くるものを助く」と言っています。宮本武蔵にしてもスマイルズにしても、背景にはしっかりとした宗教観を持ち合わせている方々ですから、決して信仰心を否定する意味ではなく、人事を尽くして天命を待つ、という意味に理解するのが適切だと思います。

ポイントは「人事を尽くす」です。人事を尽くすにあたって重要なことは、場や相手に応じて臨機応変に対応できるように、徹底的に準備をすることです。技術が向上することと精神が成長することを神仏に祈って、練習に練習を重ねて、いざ本番となったら、考えて動くのではなく、その場に応じて自然と体が動く、それが達人です。武術ジークンドーの開祖であるブルース・リーさんも「考える

な、感じろ」とおっしゃっています。

もうひとつ大切なポイントは、実践に至るまでには何度も何度も神仏に祈りながら、練習を重ねてきていることです。日本の武道では練習の開始の前後に、必ず神前に礼をします。自らを頼りとせず神仏に祈ることで困難なトレーニングを乗りこえ、精神の向上を図ることができるのです。この話をしていたら、テニスの大坂なおみ選手のことを思い出しました。彼女を全米オープン優勝に導いたトレーニングのひとつにメンタルトレーニングがあったそうですね。メンタルトレーニングをしてから飛躍的に試合に強くなったそうです。

江戸時代中期の武士の心得について書かれた『葉隠《はがくれ》』では、「武士道とは死ぬこととみつけたり」と記されています。これは、死に場所を探すという意味ではなく、身を捨ててこそ浮かぶ瀬ありという意味で、戦さの場にあって、私を滅することで道が開けるという意味だと言われています。それでいて、この格言のように神仏を頼らない。自分も頼らず神仏も頼らないならば、どうすればよいのか。それがブルース・リーさんの言われる「考えるな、感じろ」です。ブルース・リーさんは道教のタオの教えを自らの哲学としています。タオとは道のことです。老子の思想です。

うらを見せ　おもてを見せて　散るもみぢ

良寛（江戸時代の僧侶）

やさしいイメージの良寛《りょうかん》さんですが、禅、仏道を極めることにはストイックで、生涯寺も持たずに一般の人にわかりやすい言葉で説法して歩き、修行に励まれたそうです。この句は死期が近づいた良寛さんのもとを訪ねた弟子の貞心尼《ていしんに》さんに耳もとでささやいた言葉であると言われています。

さて、この句が「もみぢ」と人生を重ね合わせていることは、みなさんのご推察のとおりだと思います。良寛さんのようにストイックに仏道に励んでも、人間である以上は「うら」もあります。

妻子を持たなかった良寛さんですが、貞心尼さんと恋愛関係であったとする説もあります。貞心尼さんは憧れの存在だった良寛さんにはじめて出会ったとき、

〃きみにかく　あひ見ることのうれしさも　まださめやらぬ　夢かとぞおもふ〃

という歌を詠んでいます。良寛さんも、

〃天《あめ》が下に　みつる玉より　黄金《こがね》より　春のはじめの　君がおとづれ〃

と応えています。その年齢差は四十歳だったそうです。

曹洞宗では出家者は婚姻も恋愛もすることを禁じられているそうです。だから良寛さんが貞心尼さ

んに寄せた思いは修行者としての「うら」の顔にあたるわけです。ストイックに修行に励み、民衆に仏の道を説いてきた良寛さんの人生の後半の「うら」は個人的には、とても素敵だと思います。

ではなぜ、仏教では修行者に恋愛を禁じているのでしょうか。仏教でいう八つの苦しみのひとつに「愛別離苦《あいべつりく》」があります。愛する人と生別または死別する苦痛や悲しみのことです。情があるから苦しみが生じる、それは恋愛に限らず、夫婦、親子、友情、すべてに言えることでしょう。人に限らず、物に対しても、執着することは人の苦しみを生みます。なぜならば形のあるものはいずれ壊れ、生命があるものはいずれ命がなくなるからです。また人と人の関係も、永遠の愛を誓い合ったとしても不変とは言いきれません。だから「お坊さんも恋をするのね。素敵ね」で片づけてしまうわけにはいかないのです。恋心で良寛さんも悶々とされたことと推測します。それが仏の教えに反することならばなおさらです。

それでも、とことん執着して生きるからこそ見えてくる世界があると、私は思います。執着をして苦しみを知るからこそ、そこから離れる大切さを身にしみて感じるのだと思うのです。

〝形見とて　何か残さむ　春は花　夏ほととぎす　秋はもみじ葉〟

という歌も、良寛さんは貞心尼さんに残しています。自分も身は朽ちたとしても、春、夏、秋、と季節が巡っていくなかで自分のことを偲んでほしい、という意味でしょうか。それとも、自分はこの世から去るので、自分のことは忘れて季節とともに生きてほしい、という意味でしょうか。

良寛さんの歌には、人生の機微を感じさせてくれる歌がたくさんあります。

死は生の対極としてではなく、その一部として存在する。

村上春樹（日本の小説家）

死は生の終わり、終着点として捉えられがちです。死んでしまったら、無に帰してしまうと考えるか、天に帰ると考えるか、生まれ変わると考えるか、それは個人の宗教観や考え方によります。臨死体験から戻って来た方はいますが、本当に亡くなってしまった方でこの世に戻ってこられた方はいないので、死後、どうなるかは明らかになっていません。だから死は不安だし、怖いです。

今でこそこんなデカい身体をしていますが、私は子どもの頃は小児ぜんそくで運動のできない子だったので、身体を動かすことよりも、考えることや思うことを尊重する傾向がありました。子どもの頃、小児ぜんそくで息苦しく、このまま死んでしまうのかなって思ったとき、「こうして考える自分はどこに行っちゃうんだろう。もう嬉しいとか悲しいとか思うことはできないのかな」と考えると、永遠の暗闇に引きずり落とされるようでとても怖かったです。

青年期には、キリスト教徒の方たちと接する機会がありました。高齢の方で余命何カ月と診断をされた方、ご自身でそれを知っている方、何人かの方たちと時間を共有する機会がありました。私だったら死ぬことが怖くて七転八倒するだろうと思うのに、死に近づくにつれて目が澄み、清らかに美し

くなっていく方々を見て、信仰心ってすごいなと感じました。

この名言で、村上春樹さんは「死が生の一部」だと言われています。確かにひとりの「人生」を考えるときに、死は人生のなかに位置づけられます。どの段階で亡くなったのか、どんな死に方をしたのか、これも生きざまの一部に位置づけられると思います。でも、亡くなる側からすると、その先に何があるのか、それともないのかによって、死が終着点であったり、また輪廻転生の出発点であったりするわけです。『ノルウェーの森』では、友人の自殺をめぐって主人公が死に関する考察を行うのですが、主人公の視点からの友人の死という文脈のなかでは、確かに「死が生の一部」と位置づけられます。お盆に故人を偲ぶときもそうですね。生きざまのなかに、死に方が位置づけられます。

宗教観や価値観によって後世に語り継がれる生きざまの捉え方は異なることと思います。

内村鑑三さんは著書『後世への最大遺物』で、万人が子孫、後世へ残せる遺物は「その人なりの生き方」だと書かれています。今週はキリスト教のお話が多く登場しますが、そもそもキリスト教では「キリストの生き方に倣う」べき、とされているので「自らの生き方を残す」と考えた内村鑑三さんは日本的キリスト教徒であることの一例だと思います。

これに対して仏教には「生死一如」という言葉があります。生死は表裏一体であって切り離すことはできない、という考え方です。これは個人的な見解ですが、輪廻転生を前提にすると死はリセットではない。だからよりよい転生をするためにも、よりよい今世を送り死を迎えましょう、という考えではないかと思います。

無知な人間がいくら暗闇を彷徨《さまよ》っても、一生光は見つからない。

ブルース・リー（香港の武術家、俳優）

「断捨離《だんしゃり》」という言葉を耳にすることがあると思います。改めて調べてみると、不要な物を減らし、生活に調和をもたらそうとする思想だそうです。私が指導している大学生の間で断捨離という言葉が流行っています。いらない服を捨てた、装飾品を家に置かない、テレビのない生活を送っている、このあたりまではよいのですが、断捨離だから、よけいな情報を入れないために本や新聞を読まない、インターネットでもニュースを見ない、このあたりになると、「えっ」と思います。

確かに現代社会は情報過多です。情報にふりまわされないために情報を取捨選択し、断捨離を行う必要があるとは思います。でも、ニュースを見聞きしないでＹｏｕＴｕｂｅの動画だけを観ているというのはいかがなものかと思います。社会科学系の大学生ならば、断捨離する対象はむしろＹｏｕＴｕｂｅの動画のほうではないか、と思うのです。ものが多すぎるから整理する、でも原始時代に戻ることはできないのですから、家電製品すべてを捨ててしまうことはできない。だから必要な家電製品とそうでない製品を区別して断捨離する。知識や情報も同様、多すぎるから整理をする、摂取を制限するのであって、最初から入れないと無知になってしまう。

知識や情報を断捨離した結果、人生に何も悩まない、それこそヨガの無我の境地に至るならばよいのですが、そんなことは無理です。逆に断捨離を唱える学生は、いつも人生に悩みをかかえています。さらに苦しいことに、自分の頭で思いつくことしか考えられないから思考が堂々めぐりです。そんな彼は私にとって、とてもかわいい学生ですし、何とかならないものか。考えているとブルース・リーさんの言葉を思い浮かべました。

知識や情報を正しく用いることができれば、自らが進む道の光明となってくれます。人はとかく現状肯定をしないと生きていけません。思ったように経済活動ができずほしいものが手に入らない、学習が進まず世の中の変化についていくのが大変、そういう自分を正当化するために断捨離や「清貧の思想」を持ち出すことがあります。断捨離がはやりはじめたのも、リーマンショック後の経済が逼迫して家計が苦しくなった時代でした。

欲しいものがあって、一生懸命働いて、適切に働くために知識や情報を吸収する。その結果、欲しいものが手に入って、ものを手に入れた幸福感だけでなく、達成感を感じて次の励みとする。そのためには、がんばっても報われない社会では困ります。私たち大人の役割は、未来ある若者たちが意欲をもって進んでいける社会を作ることだと思います。

自分の意志で心臓を止められないから仏はいる。

親鸞（鎌倉時代の僧）

親鸞さんには「善人なおもて往生をとぐ、いわんや悪人をや」という有名なお言葉もあります。紋切型の説明ですが、自分の力で修業をして悟りを開こうとするのは小乗仏教だと言われています。これに対して、娑婆にあってひたすら仏に祈り、救ってもらおうという教えが大乗仏教だそうです。親鸞さんの浄土真宗は大乗仏教に位置づけられます。キリスト教では、キリストは人間の罪をあがなうために遣わされたと考えており、大乗仏教と親近性があります。自力で救われることを放棄して、徹底的に他力本願になる。それも自分で悟りを開くのと同様に、とても難しいことです。キリスト教では「神に委ねる」という言葉を使いますが、それは悟りの境地に近いのではないかと思うのです。祈っていても、念仏を唱えていても「自分」が混入してしまい、委ねきることは難しいです。

生きていると、つらいことのほうが多いです。サザンオールスターズの「イヤな事だらけの世の中で」という曲があります。「登る坂道は向かい風」というフレーズが心を打ちます。でも、苦しいからといって自分で命を絶つことはもっと苦しいらしいです。「イヤな事だらけ」でも生きていくしかない。そう腹をくくることは大切ですが、それではいったい、人間は何のために苦しい世の中を生きている

のだろう、これは古今東西の哲学や宗教の永遠のテーマです。「イヤな事だらけの世の中で」には「ひとり生きるのは辛いけど」というフレーズもあります。四国のお遍路さんは、常に弘法大師と一緒という意味で「同行二人」と笠に書きつけます。ひとり生きるのではなく、神仏とともにあると思えばつらさも半減します。桑田さん、年を重ねるごとに深い歌詞をお書きですね。

あがき、もがき、苦しみ、ときには喜びもあって、そんな人生を送っていると、あるとき、神様、仏様がやってきて「お疲れ様、もういいよ」って肩をぽんとたたいてくれる、それが死ではないかと思うのです。五十そこそこの、はなたれ小僧の私がわかったようなことを言っていますが、五十そこそこまででも生きてきて、そう思わないと生きる意味がわからなかった、つらすぎたのです。

先日、九十歳をこえられた先輩に「この後、六十、七十と人生を経てくると違った世界が見えるよ」というお言葉をいただきました。年を重ねられるごとに、すがすがしくなっていくその先輩の姿を見るにつれて、すごいなと思うと同時に、その姿を間近で見ることができるのは、何て恵まれているんだろうって思っています。先輩方からは、五十代は働きざかりだよって言っていただくことも多いのですが、自分自身、エネルギーがあるんだかないんだか、青少年のすがすがしさとも、年齢を重ねた方のすがすがしさともかけ離れている中途半端な自分のように思えます。

心臓に限らず五臓六腑は自分の意志で止めたり、動きを早めたりできないんですよね。自分の身体なのに自分でどうすることもできない、それが天に生かされている証拠なのかもしれません。

毎日掃いても落ち葉がたまる。これが取りも直さず人生である。

田山花袋（日本の小説家）

私の家の前は並木道になっていて、春から夏にかけては花が咲いて目を楽しませてくれるのですが、秋になると、掃いても掃いても落ち葉がたまります。並木道に隣接した駐車場にも落ち葉がたまって山のようになり、「これが取りも直さず人生である」と達観できない私は、ときには落ち葉にいらいらすることがあります。並木道の家のすぐ近くには、ごみ収集所があり、生ごみの回収日になるとカラスがごみを突っつきにきます。追っ払っても追っ払っても、掃いても掃いてもカラスがごみを散らかしていきます。確かに人生はそのようなものだと、田山花袋のお言葉に深くうなずきました。

そして人が生きていると何がたまるのか、改めて考えてみました。私に関して言えば、お金はそれほどたまらない。ものはなくてもよいようなものばかりたまるから、ときどき捨てる。本はなかなか捨てられないが、漫画はときどき売る。早稲田大学の校歌に「集まり散じて人は変われど」という歌詞があり、「さよならだけが人生だ」という言葉もあるが、人間関係も移ろいゆくものです。

それでは、落ち葉のように何がたまっていくのだろう。

私は人間の澱だと思うのです。日本酒の場合には、澱は瓶づめの前に濾過されます。赤ワインの場合には、澱に余分な渋さが集積されていくおかげで、上澄み部分であるワインは渋さが抜けまろやかになると言われています。澱はよいものなのか、悪いものなのか、何とも言えない。でも、歳月を経ていくと確実にたまっていく。赤ワインの澱のように、集積されていくおかげで人間としてまろやかになることがあるかもしれない。澱が混ざっていることで人間に渋みを増すかもしれない。心の澱は取り払ってしまいましょうなんて言われることもあるけれども、それも含めて人間だと思うのです。たまっていく落ち葉を黙々と掃き続けていると、ある日突然、たまっていく落ち葉を放り出して、その場所を離れたくなることもあるかもしれない。癇癪を起して落ち葉をけっ飛ばして、いっそう散らかしてしまうかもしれない。でも、放り出して別の場所に行ったとしても、新しい場所でも落ち葉はたまっていく。けっ飛ばして散らかしてしまった落ち葉に耐えかねて、また落ち葉を掃きはじめることになるかもしれません。

量の多少はあるにせよ、落ち葉は誰の足下にも降り積り、澱は誰の人生のなかにも沈殿していく。よいものとも悪いものとも評価できない。でも、生きている限り淡々と積み重なっていく。量の多少の違いがあっても、みんなに等しく積み重なっていく。そんなふうに考えていると、母の口癖だった「人生はとんとんだ」という言葉を思い出します。うらやましい人生を送っているように見える人も、苦労だらけの人生を送っているように見える人も、墓に入るときにはとんとんになっている。戦時中に生まれたため学校に行くことができなかった、自分のことを「学のない」と称していた母の言葉が、この名言と重なって、しみじみとする齢五十をこえた私です。

人生とは自分を見つけることではない。
人生とは自分を創ることである。

ジョージ・バーナード・ショー（アイルランドの劇作家）

私は最近、インターネットで本を買ってしまうことが多いのですが、先日、新幹線に乗るまでの待ち時間で東京駅の書店に行ってみました。特に様々な人が行き交う場所にある書店は「今、何が流行っているのか」を知るマーケティングの宝庫です。

会社を自分で起こして、一年で六十パーセントが廃業、五年で八十五パーセントが廃業、十年存続する会社は六パーセントというのが国税庁の統計結果だそうです。起業は大変なことです。それでも自分で志を持って起業することはよいことだと思います。

誰に何を届けたいかという思いで起業することが、成功の秘訣だと思います。受験生の面接対策でも、いつもこのお話をしています。経済学や経営学を学んで大儲けをしたい、法律学を学んで気に入らないやつをやっつけたい、面接で露骨にこのように言う受験生はさすがに少ないでしょう。でも、自分探しをしたいから、心理学や文学を学びたいという受験生は少なくありません。

かく言う私も三十代まで自分探しのため、小説を書いたり、心理学などの人文科学を学んだりしていました。小説で賞を取ったり、本を出版したりという体験をすることもできましたが、自分探しを

続けることには正直とても疲れました。自分探しは、きりがないと感じはじめたころ、自分探しを突きつめすぎて、またそのときの環境とが相まって、鬱病になってしまいました。これ以上、自分探しをしたら命が危ないと痛感しました。結果、自分探しをお休みして、子どもたちの支援を行い、動きまわるようになって今の自分があります。

自分っていったい何者なんだろう、自分の生きる意味はどこにあるんだろう、自分は何に向いているのだろう、思春期と言われる時期、青年期にはこのような悩みに突き当たります。受験や就職、進路選択を迫られるときは特に悩みます。悩むことはそれだけ自分の人生に真剣だということなのですから、悪いことではありません。でも、何者という今の自分にとどまらずに、イメージする自分、なりたい自分になるため、進んでいくことはとても建設的です。でも、自分は何者かわからないと、こうなりたい自分のイメージを持つことができない、するとまた自分探しの迷路にはまってしまうかもしれません。そんなときには、誰に何を届けたいかを考えてみてください。届けたい理由、動機をしっかりと見つめてみてください。そこに自分の本質があることが多いのです。私の場合、学校や社会に適合できなかった苦しみがあり、同様の苦しみで悩んでいる子どもたちをサポートしたいという思いがあります。抽象的な奉仕の精神というよりも自分のコンプレックスに起因しているものであるから、そう容易には崩れません。みなさん、自分の人生を生きたい動機をお持ちのはずです。

めでたさも　中くらいなり
おらが春

小林一茶（江戸時代の俳諧師）

ここでいう「春」は新年のことですが……。

春の名言・格言には、人生の艱難辛苦《かんなんしんく》を冬に例えて、それが氷解する時期を春に例えるという待ってましたというものが多いです。この点が、新年と似ています。でも、春だから新しいことに取り組まないと、元気出さないと、と無理に思うのならばつらいことです。

他方、平家物語では「おごれる人も久しからず、ただ春の夜の夢のごとし」と言っています。杜甫《とほ》の「春望《しゅんぼう》」という漢詩では「城春にして草木《そうもく》深し」と言っています。これらの作品では、春を一瞬の夢のような季節として捉えています。そして、春の夢は永遠には続かない、と自戒するように訴えかけてきます。

日本に住んでいると春夏秋冬、季節がめぐってきて、それはそれで趣はあるんだけれども、自分の気分とマッチしないのに、花見だ、新学年、新入社、転勤だ、と無理強いされている感覚がつらい。そんなあなたに捧げるのが、この句です。

「おらが春」を新年ではなく季節の春に置き換えて考えてみましょう。一茶は、どっぷりとうきうき

せずに「中くらい」と言っています。「中くらい」とは「真ん中ぐらい」という意味ではなくて、一茶の出身地の信濃地方の方言で「そこそこ」という意味のようです。

一茶は幼くして母を亡くし、十五歳で江戸に奉公に出されます。ずっと独身を貫いてきたのですが、五十二歳のときに結婚、三男一女を授かるものの、お子さんたちはみな幼くして亡くなってしまいます。その後、奥さんも亡くなってしまい、全生涯で結婚を三回したそうです。様々な苦労を経験した一茶は、浄土真宗の他力本願、自分は大きな力で生かされているという思いを深めていきます。

人は大きな力によって生かされている、春夏秋冬を人生の浮き沈みに例えて考えたとき、穏やかな波風のない季節はない、と私は感じます。一瞬の夢のような春でさえも「世の中にたえて桜のなかりせば春の心はのどけからまし」と詠まれているように、妙にそわそわする落ち着かない季節です。だとすれば、よいときにものぼりつめすぎず「中くらいなり」と気持ちを鎮めて、生かされていくことが冬への備えにもなるのではないでしょうか。とは言うものの、いつも冬に備えて生きる必要はないと思います。春夏秋冬、人生をあるがままに受け止める、苦しいときには自力本願で何とかしようとするのではなく、流れに任せつつ神仏や自然に頼ることが、一茶的な生き方なのだろうと思います。

もちろん春という季節に思いきり胸をふくらませて楽しむのも、ひとつだと思います。

過去が現在に影響を与えるように、未来も現在に影響を与える。

フリードリヒ・ニーチェ（ドイツの哲学者）

過去が現在に影響を与えることには異論が有る方はいないでしょう。しかし、まだ起こってもいない未来が、現在に影響を与えるとは……？

自分が描く未来像、どのような未来を目標にして歩んでいくのか、それによって現在のあり方が異なる。その現在のあり方が未来を作っていく。このように解釈することが一般的のようです。

違った見方から考えてみましょう。人の運命は決まっている。人は天に決められた運命をたどっている。だから、運命として定まっている未来のあり方が、現在に影響を与えていると運命論的に考えてみたらどうでしょうか。運命で決まってしまっているならば、やる気にならないという声が聞こえてきそうです。

自分が描く未来像によって現在が変わるというほうが、夢や希望があってポジティブのように感じられますね。ただ自分の未来像を描くことができないほど弱っているとき、将来の夢などを決められないとき、未来像が今の自分を作っていると考えると、どうしてよいかわからなくなってしまいます。

そもそも、明確なビジョンや夢を持たないと生きていてはいけないのか。そんなことはないと思う

のです。生きとし生けるもの、天から与えられた運命、天命があると私は考えています。社会にこのように貢献しているとか、こんな仕事をしていると目に見える形ではなくとも、人は他者や周囲を知らず知らずのうちに支えていきているのです。運命には抗えない。だから流れに逆らって泳いだり、逆風に向かって走るのではなく、運命の流れに従って順風満帆、風に乗って生きていこうと考えるのは、運命論であってもポジティブです。その場合のポイントは、天命、天が与える運命、未来のあり方に耳をすますことです。しかし、占いや予言で未来を知ろう、という意味ではありません。

これまで自分が生きてきた道のり、過去が現在に与えている影響をしっかりと検証して、この先起こりうる未来の出来事について想定してみて、自分の人生がどのような方向に向かっているのか、天命を知ることについても、できるだけ客観的であろうと努める、それがここでいう天命に耳をすますという意味です。

いくつか浮かび上がってくる未来像について、これは違うなとか、これは自分のこれまでの生き方や考え方にマッチしているかもしれないと感じて、マッチしていると感じる方向に進んでみるとよいと思います。それが天命なのかは、天のみぞ知るです。違ったときには、何らかの形で天が教えてくれます。そのときには素直に軌道修正をすればよい。だから天が、違っているよと教えてくれることを聞き取る力も大切です。

自分自身の思いで、運命に思いきり逆らって生きるよりも、天命に従って生きるほうが、軌道修正されるときにも、やさしく天が導いてくれるのではないかと思うのです。

人に対して正しく賢明な助言をすることはできる。しかし、自分が正しく賢明に振る舞うことはむずかしい。

アルベルト・アインシュタイン（ドイツの物理学者）

導くはずの立場にある教師が間違いを犯してしまうなんてニュースも見聞きしますし、聖職者がつい出来心でなんて例も見聞きします。

ただ、そういうことよりも、私はこの言葉を言っているのがアインシュタインであることに注目したいと思います。アインシュタインを思い浮かべてください。みなさんは、彼のどんな表情を思い浮かべますか。カメラに向かって「あっかんべえ」をしている写真を思い浮かべる方も多いのではないでしょうか。ちなみにこの写真は、七十二歳の誕生日の取材に来た記者に、笑ってくださいと言われて「あっかんべえ」した写真とのことです。そういう反骨精神の持ち主です。

アインシュタインさんは常識の殻を打ち破って新しいことに挑戦することを強く奨めていますし、ご自身もそのようにして数々の理論を発見してきました。だからこの言葉には、賢明な言葉を解いたとしても、そんな生き方をするのは難しいんだから、肩肘張らずに生きていこうぜという意味が含まれているのではないかと私は解釈します。

しかし、傍らでアインシュタインさんは「天才とは努力する凡才のことである」「私は、それほど

賢くはありません。ただ、人より長く一つのことと付き合ってきただけなのです」と、継続的にひとつのことに打ちこむ重要性についても説いています。

仕事や学業をするにあたっては常識にとらわれず、自分が賢明であるとは思い上がらず、また人から賢明な生き方を説かれたとしても束縛されず、自分の進むべき道を楽しんで進む。ただし、その道に対する思いは一途であるべきで、あれこれとふらふらしない。こんなことをアインシュタインさんの様々な言葉や生き方から学ぶことができるのではないかと思います。

ちなみにある国の億万長者が述べている「億万長者への道」って想像できますか。答えは「失うことを恐れない」ことだそうです。家族や恋人、お金、地位、人が失うことを恐れるものは様々ありますが、これらを失うことを恐れずに成功したい分野に邁進すれば、必ず成功できるとのことです。アインシュタインさんの言うところの、常識や賢明さにとらわれず、道を一途に突き進む、ことと似ているなと思いました。

でも、私は臆病者なので、恐れずに生きることは難しいです。

智に働けば角《かど》が立つ。
情に棹《さお》させば流される。
意地を通せば窮屈だ。
兎角《とかく》に人の世は住みにくい。

夏目漱石（作家）

『草枕』の有名な冒頭の言葉からの引用です。

才気走って理屈だけで動いていると、人と衝突する。逆に情を重んじて動いていると、どこまでも感情に引きずられて流されてしまう。かといって意地張っていると世間が狭くなって窮屈になってしまう。どうあっても、人にあふれたこの世は行きにくい。

「漱石先生、じゃあ、どうしたらいいの？」ってみなさん、おたずねになりたいことでしょう。

代って私が答えるとすれば、住みにくいことを放っておくしかないです。ときに衝突して、ときに情に流されて、ときに世間が狭くなったり広くなったり、それが人間ということだと思います。

自分は自分以上でも自分以下でもないんだから、可能な限り素のままの自分で生きればいい。あまりに理屈に合わないと思ったらときには論理的に詰め寄ることも必要かもしれない。人に思いを寄せたら思いきり情に流されてみるもよし。意地を張らないやつを意気地なしという、ここぞというとき

には意地を張ったらよい。そして人とぶつかって、ときに痛い思いをして、人の世は住みづらいな、なんて経験をくり返していくと、そのうち自分の表現の仕方を覚えてくるし、自分の感情と世間の折り合いをつけることができるようになってくる。

漱石さんは折り合いをつけるのが苦手で、葛藤した方だと思います。その葛藤が文学作品になっています。あるときには正義の鉄槌を食らわせたため教師の職を追われる、あるときには姦通罪のあった明治に人妻と恋仲になる。

恋仲になった人妻に主人公が語った言葉は「僕の存在にはあなたが必要だ」。何と論理的な、何と情感あふれた口説き文句でしょう。全存在をかけた口説き文句なのですから。

世の中や自分と折り合いをつけられず、我が道を貫く人を変人とも言いますが、変人は何とも素敵だと思います。漱石さんもそうですし、博物学者の南方熊楠さん、風刺的なジャーナリストの宮武外骨さん、作家の永井荷風さん、俳人の種田山頭火さん等々、常識人の多い日本人のなかにもたくさんの変人がいます。

折り合いを覚えていくか、変人の道を歩んでいくか、みなさんはどのような道を歩まれますか。私はどうだろう、変人と折り合いをつける常識人の中間ぐらい……変人に傾いている……人生、いずれにせよ、おもしろいと思っています。

「兎角に人の世は住みにくい」のあとに、私は「だから人の世はおもしろい」とつけ加えたいと思います。

誰にも遺《のこ》すことのできるところの遺物で、利益ばかりあって害のない遺物がある。それは何であるかならば「勇ましい高尚《こうしょう》なる生涯」である。

内村鑑三（日本のキリスト教思想家）

まじめな内村鑑三さんは『後世への最大遺物』で、後世に何を遺すことができるか、と思考をめぐらせます。社会のためにお金や事業を遺すことは素晴らしいことだと述べています。しかし、誰もがお金や事業を遺す才能をもっているわけではない、次に考えられることは本を書いたり、教育を通じて思想を遺すことだ、と述べています。

しかし、本を書いたり、教育をすることは誰でもできることではない。では、お金、社会のための事業、本や教育を通じた思想を遺すことはできないという人はどうしたらよいか。

これに対して内村鑑三さんはそういう人も「勇ましい高尚なる生涯」を遺すことができる、と述べています。そして「勇ましい高尚なる生涯」を遺した人の例として二宮金次郎さんをあげています。

ただ私流に解釈すると、二宮金次郎さんのように人のためにつくした人生を遺すことだけが「勇ましい高尚なる生涯」を遺すことではないと考えます。

人が寿命をまっとうすること自体が、波乱万丈で大変勇気がいることであると思います。子孫、縁やゆかりがある方ならば、寿命をまっとうされた方の人生に様々なことを感じ、様々なことを学ぶことでしょう。他人とまったく関わらないで生きている人はいないのですから、その人の生き方は何らかの形で、ほかの人に影響を与えていくわけです。そして影響を受けた人のなかでＤＮＡとして引き継がれていくわけです。

人間が残す最大の遺産とは、がむしゃらに生きた人生だと私は考えます。立派なことをするという意味での高尚な人生である必要はありません。この世に生を受けて寿命をまっとうしたことだけで天命に従った価値のある人生だと思います。

このように考えると、人は毎日、後世へ大きな遺産を残して生きているということになります。生きていることそのものが、他者にとっても尊く、財産である、と言えます。

後世への最大遺物は、日々、みなさんが、私たちが葛藤している人生、生きざまなのです。

この道より我を生かす道はなし、この道を行く。

武者小路実篤（日本の小説家）

私の会社の執務室には、武者小路実篤さんが書いたこの言葉がかかっています。執務室を作るにあたって、木のぬくもりや香りを大切にしてお客様をおもてなししたいと考えて、ソファーのある洋風の執務室ではなくて、床にも天井にも木材を張りめぐらした和の執務室としました。

執務室で仕事をしていて、くじけそうになったとき、武者小路実篤さんの額に目を向けると「我を生かす道はなし」が浮き立ってきます。そうだな、この道以外にほかの道はないんだなと思うと、腹が据わり、勇気がわいてきます。

誰が生かすのか。武者小路さんは、我を生かすと言われていますが、その意味は、天が生かすだと思っています。天が命を与えてくれて、生き長らえさせてくれる。また世の中で役割を与えてくれて活用してくれている。生命を与えると言う意味での生かすと、活用するという意味での活かすです。

天職という言葉があります。適職と同じ意味で使われることも多いのですが、本来は、天から与えられたかけがえのない仕事という意味です。

人は社会のなかで生きているのだから、ほかの人のためになる役割を持っています。もちろん、自

分の人生は自分が主人公です。でも、人間が社会を形成して生きていく宿命を与えられた瞬間から、人間は人と助け合って生きる宿命を持って生きているのです。

人を支えた分だけ、自分も支えてもらっているのです。直接、支えた相手からではなくても、めぐりめぐって、ほかの人から自分も支えてもらうのです。だから、支えたぶんだけ人は幸せになれます。

ほかの人のためになることは、自分自身の喜びでもあります。「ありがとう」って言葉を聞いて不快に感じる人はいないでしょう。人のためになるという使命と、仕事が一致したら素敵なことだと思います。そういう場合に、天職という言葉がますます生きてくると思うのです。世の中に、人のためにならない仕事はないと思います。

自分の仕事がどのように人のためになっているか、心にすとんと落ちれば「この道を行く」と確信を持てるようになると思います。

「この道」は千差万別でしょう。有償の仕事だけが「この道」ではないと思います。社会活動であっても、子育てであっても、趣味であっても、立派な仕事です。「この道」が、人のためになる、天から与えられた道だと確信することができれば、迷わず道を進むことができ、人生が豊かになることと思います。

何のためにこの子を育てているんだろう、何のために介護をしているんだろうなど、家庭のなかで悩んだときに、それが天から与えられた立派な仕事で、あなたしかできない「道」なのだと考えていただければと思う次第です。

自分自身を支配できないものは自由ではない。

マッティアス・クラウディス（ドイツの詩人）

みなさん、自由な時間を与えられたら何をなさいますか。

お母さんやお父さんにうるさいことを言われず、自由になりたいという子どもたちに同じ質問を投げかけると、一日中ゲームをやりたい、ＬＩＮＥで友達と話していたいなどまちまちです。まず、図書館で読書をしたい、好きな科目の勉強をしたい、という子はいません。

一日中ゲームをやっているのは、ゲーム会社の思惑どおりで、課金ゲームをしているとしたら、金銭的にもコントロールされてしまっています。ＬＩＮＥだとしたら、ＬＩＮＥの相手との関係性に縛られています。自由を満喫しているように思えても、じつは他者に支配されてしまっているのです。そんなこと言ったら、読書だって本の著者や出版社に支配されているじゃないか、音楽鑑賞だって作曲家やレーベルに支配されているじゃないか、勉強だって、学校や云々。

他者に支配されているか、自分で支配しているかの分かれ目、違いは、自分でやめられるかどうかだと私は考えます。だから読書にしても、音楽鑑賞にしても、自分の自由意志でやめることができなければ、確かに著者や作曲家に支配されていることになるのかもしれません。でも、大人の考えだと、ゲームやスマホよりは数段ましと感じますよね。

その感覚の正体は何だろう。ゲームやラインは刹那的で、これに対して読書や音楽鑑賞は頭や心を働かせずにはできない、つまり受け身ではできないから、自分がその時間を支配していると言える。また、自分にとってプラスになるかどうかの違いをあげる方もいるでしょう。

その反面、いけないお薬や葉っぱなどは、やめたくてもやめられないのですから、完全に他者に支配されてしまっていて、得られる快楽は自由とはほど遠いと言えるでしょう。

自分で自分自身のことを決めることができる、自由な状態に身を置いていないと、自分が思ってもいない方向に導かれていってしまいます。結果、お薬の例だと鉄格子のなかに入らなければならない、課金ゲームやギャンブルの例だと借金に追われなければならない、自分を不自由な状態に追いこむことになるわけです。

ただ、どの方向に進むか、自由に選んでいくためには、判断能力がなければなりません。その力を身につけるために学習をしたり、読書をしたり、人の話を聞いたり、メディアに触れたりするのです。でも、判断能力を身につけるために行うこと、学習や読書やメディアとの接触によって、その考えにとらわれてしまい、自分が不自由になってしまうこともあります。

それを防ぐためには、あらゆるものに対して自分にとってどうかを検証する力、すなわち批判力や評価力を身につける必要があります。

このように考えてくると、自由であることとは難しいことでもありますね。

健康は労働から生まれ、満足は健康から生まれる。

ウィリアム・ペティ（イギリスの医師、経済学者）

医師と経済学者の両方の視点からの、じつに含蓄のある言葉です。

では、逆に労働をしないと不健康になるか検証してみましょう。

労働をしないと給料などの経済的な対価が得られません。働かなくても生活できるだけのふんだんな資産がなければ、衣食住を満たすことができなくなって不健康になってしまいます。これを経済的健康と呼びたいと思います。また、労働をしないと身体を動かさなくなってしまいます。私はデスクワーク中心ですという方でも、通勤や移動で身体を動かしています。トレーニングマニアの私が言うのもいかがかとも思いますが、ジムに費用を払ってトレーニングするよりも、よっぽど経済的です。これは身体的健康です。そして、労働することによる喜びは精神的健康を支えます。逆に精神の不調をきたすと働くことができなくなってしまいます。

ペティさんのいうとおり、このように労働は健康をもたらすのです。ちなみにこのウィリアム・ペティさん、十四歳で商船や海軍で水夫として勤めたのちに、オランダに渡りライデン大学で医学を学んだそうです。自分自身の体験からも、健康と労働の親密さを知っていたのでしょう。ちなみにペティ

さんは、貧しい人の救助や病院経営など社会政策費と福祉費の増額を提唱し、経済的に困窮している人が公共土木事業で働くとよい循環ができると提言しています。

さて「満足は健康から生まれる」ということですが、どんなにお金を持っていたとしても、家族に恵まれていたとしても、病に臥せっていたとしたら苦しいことは言うまでもないでしょう。マズローという心理学者が、人間の欲求は五段階になっていると述べています。第一段階は食事、睡眠、排泄などの生理的欲求、まさに健康に関連する欲求です。ちなみにマズローによると、第二段階が安全の欲求、第三段階が社会的帰属や愛に関する欲求、第四段階が他者から尊敬されたいという承認や尊重の欲求、そして最後に自己実現の欲求が段階的に生まれると述べています。

では、芦澤、おまえはどう考えるのか。

働くことについて、苦しいことも大変なこともたくさんあると思います。でも、ちょっと見方を変えて、エクササイズと経済活動がいっぺんにできると割りきれば、気が楽になることもあるのかな、と思うのです。職場の人間関係で苦しいとしたら、心のエクササイズと割りきる。

子どもではなかなか、この割りきりは難しいと思うのですが、割りきって行動することができるのは、大人の強み、特権のひとつだと思うのです。

老人になって耐えがたいのは、肉体や精神の衰えではなくて、記憶の重さに耐えかねるのである。

サマセット・モーム（イギリスの小説家）

年齢を重ねるごとに喜びや悲しみの経験、記憶が積み重なっていく。人生ではたくさんの悲しみも経験する。身近な人の死、自分自身の失敗、病や怪我などの苦しみ、生まれた年代によっては、戦争の悲しみや苦しみを経験することもあるでしょう。そんな記憶の重さが人間という存在に積み重なってきて、許容量をこえた頃に天に召される、仏様になる、という意味だと解釈します。

この「記憶の重さ」への耐久力は千差万別です。

最近、元自衛官の七十二歳の男性が自ら爆死したという事件もありました。老々介護で思いあまってパートナーを殺害してしまったなどという事件もときどき耳にします。

経営者の先輩では、九十歳をこえて事業活動を営み、ゴルフや釣りなどのそれぞれの趣味を楽しまれている方もいらっしゃいます。みなさん、それぞれ自身の生きる拠り所となる哲学や思想をお持ちです。それが孔子や老子のような体系的な思想である場合もあるし、ご自身が人生を歩まれてきたなかでご自身なりに見つけられた思想であることもあります。

こういう先輩方はいきいきされている。つまり、記憶の重さに、ご自身の思想や経験、活動が勝っているということです。もちろん、心身を健康に保つための努力も必要です。私が四十歳をこえて実感したのは、努力をしないと健康を保つことができないということです。だから四十歳をこえて、筋トレも本格的にはじめました。食生活も気にするようになりました。日常の仕事や、武道や格闘技を通じてメンタルも鍛えています。

でも、それだけでは記憶の重さには立ち向かえないことを私自身、実感しています。それに立ち向かうためには、

一．どんなことがあっても根底から覆さない生き方、思想、生きる意味を持つこと
二．記憶や感情をためこまずに発散し、ときには忘れる方法を見つけること
三．自身の記憶以外の刺激、書籍、映画、芝居、音楽、絵画などに触れて、感情を豊かに保つこと
四．よく寝ること
五．記憶の重さを共有できる人（家族、友人など）を持つこと

それでも抱えきれないほどの心身への負荷がかかってきたときに、「もうそれ以上、頑張らなくていいよ」という天の声が聞こえて、人は天に召されるのでしょう。仏教でもキリスト教でも、それは喜びであると考えられているようです。

第6章 対人関係や愛に迷ったとき

天の道は利して害せず、聖人の道は為《な》して争わず。

老子（中国の思想家）

老子は「無為にして為さざるなし」がその根本的な思想だと考えられます。すなわち、人間の浅い知恵で何かを成し遂げようと画策するのではなく、自然に身を委ねて自然と一体になることによって国をも治めることができる、という考えです。老子は中国の春秋戦国時代の諸子百家の一人で周の国に仕えた方で、「無為にして為さざるなし」も単なる処世術ではなく、国を治める為政者に対して向けられた言葉なのです。もっとも老子が実在の人物であるかについては疑わしいという説もあるようです。

「天の道は利して害せず、聖人の道は為して争わず」とは、天は万物を潤しながらも害を与える事はなく、聖人は他人と争わずに物事を成し遂げるという意味で「争わずにして勝つ」無《む》手《て》勝《かつ》流に相通ずるところがあります。

剣豪の塚原卜伝《ぼくでん》が渡し船のなかで真剣勝負を挑まれたとき、中洲に相手を先に上がらせ、自分はそのまま竿を突いて船を出し、「戦わずして勝つ、これが無手勝流」と、真剣勝負を挑んできた武士の血気を戒めたそうです。ブルース・リーさんの「燃えよドラゴン」でも類似のシーンがありました。

でも老子は「勝つ」とは言っていないんです。勝敗を超えて敵をも包摂《ほうせつ》してしまう。それは権力的な意味での包摂ではなく、敵も味方も自然に包摂されて共存するという意味です。だから大国が全土を支配するのをよしとせず、小国寡民、大国を否定し、小さな農村共同体を形成するのが老子の理想とする社会です。

孔子の説く道徳は人為的であり、民族や時代などの価値観によって左右されるものです。だから逆に道徳が争いの火種になることがある。これに対して老子の説く〝道《タオ》〟は自然、天の摂理への道なので民族や時代を包摂して存在します。争って倒すよりも、大きく包んでしまうことは、じつはとても強いことなのです。

対人関係や家族関係で悩みがある方は、老子の説く「無為自然」を心がけてみるとよいかもしれません。自分が相手を包みこんでしまおうとするのではなく、自分も相手も自然に包まれるようにするのです。どのようにすれば「無為自然」に到達できるか、老子さんは「上善如水《じょうぜんじょすい》」と言われています。日本酒のお話ではありません。水のように自らを低くして、争いを避けるという意味です。では、ずっと身を低くしつづけていることになるのか、人に蔑《ないがし》ろにされて生きていかねばならないのか、キリスト教の聖書では「低きものは高められる」と言っています。高められることを期待して身を低くしているのは「無為自然」ではなく、作為になってしまいますが、「無為自然」であろうと心がけて生きていくと、あるとき、自分の立っている位置が以前と変わっていた、ことに気づくことがあるかもしれません。

求められる前に忠告するな。

デジデリウス・エラスムス（ネーデルラント出身のカトリック司祭、神学者、哲学者）

「忠告を求める者は、十中八九がお世辞を期待しているのである」。十九世紀イギリスの文芸評論家で教育者のジョン・C・コリンズさんは、このように言っています。経営者という立場上、様々な専門家に私自身の仕事について意見を求めることが多いのですが、心のどこかで「褒めて、褒めて」って思っていて、褒めてもらうと鼻をふくらませて喜びます。

反対に、根っからのおせっかい焼きの私は、そのまま進むと危ないよと目に見えてわかると感じたとき、どうしても忠告せずには居られなくなってしまいます。自分自身で経験して学ぶことが一番だとはわかっているのですが。世の中のお父さんお母さん、おじいちゃんおばあちゃんも同様なのではないかと思います。大切な家族だからこそ、ついつい口を出してしまう。

では、忠告を受け取る側の格言はどうでしょう。

「多くの人々は忠告を受けるも、それによりて利するは賢者のみ」。古代ローマのプブリウス・シルスは、すでに紀元前一世紀にこのように言っています。賢者でありたければ、自分自身のために他者の忠告を素直に受け入れるべきなのでしょう。ただここで注意点がひとつあると思うのです。

その忠告は誰のためになされているものなのか、本当に忠告を受ける人のためになされている忠告なのか、それとも忠告する側の自己満足や感情を充たすためになされているのか、それを見きわめないで忠告を受け入れると自分が壊れてしまいます。

また、その忠告を論理的に検証してみることも重要です。一般論として検証してみることも大切ですが、自分のこととしてその忠告を受け入れるとどうなるか検証してみることです。

つい最近、翼学院グループの専門職がパネリストとして参加したフォーラムで、教育関係者と称する方が、生活や学習で苦しんでいるお子さんや保護者さんに向かって、「学力なんて気にする必要はない。九九がわからなくても、漢字が書けなくても立派に生きている人はたくさんいる」と発言する場面に出くわしたそうです。他に得意なことを作ってがんばればなどの注釈はまったくなく、とにかく今のままでよい、受け入れない学校や周囲の子が悪いと言いつづけたとか。苦しんでいるお子さん、保護者さんは勉強や生活で悩まなくていいんだと安心して大きくうなずいていたそうです。そして、そのまま何もしなくてよいことを子どもたちが続けていった場合、その方が考える将来の解決策は行政が福祉費で生活を賄うことだそうです。心身の障害があって働くことができないお子さんではありません。行政の財源が破綻してしまうので、そんなことはできませんし、将来、働く喜びを感じられないことも不幸です。

ひとりひとりの様子もわからず、先々の責任を持たず、耳障りのよいことを言ってはいけない。迎合的な耳障りのよい発言も忠告の一種だと思います。

善行は悪行と同じように、人の憎悪を招くものである。

ニッコロ・マキャヴェッリ（イタリアの政治思想家）

解釈に悩むお言葉です。悪行が憎悪を招くのは理解できます。でも、なぜ善行が憎悪を招くのか。

いいかっこしいの偽善者には腹が立つ。それはよくわかりますが、偽善者は本質的に善をなす人ではないので、善行が憎悪を招くのとは本質的に異なると思います。本質的によいことをして、私はよい人だろうと偉そうにしていると腹が立つ、そのとおりだと思うのですが、この場合は善行そのものを憎悪するのではなく、偉そうにしていることに腹が立つのだと思います。それでは謙虚に、できるだけ人目につかぬようよいことをしていた場合に、それを知った人から憎悪を招くことになるのか。

例えば、人が起きていない朝早くに、道路の掃除をしている人がいるとしましょう。人に誇るでもなく、ひっそりと、わからないように掃き掃除をしている。それを偶然、ゴルフに出かけるために早朝早起きした隣のお父さんが見かけた。隣のお父さんはどんな心境になるでしょうか。

いつも道路がきれいだったのは、この人のおかげだったのか。目が合ったので「ご苦労さま」と掃除をしている人に声を掛けます。ゴルフ場に向かう車のなか、待てよ、ご苦労さまだけでいいのか。我が家も清掃に参加しなければいけないんじゃないか。でも、家の誰が毎朝起きて掃除するんだ。うーん、面倒くさい。別のパターンを考えてみましょう。目が合わないようにこっそりと車に乗りこむ。気づかなかったことにして、それ以降はできるだけ清掃している時間には外に出ないようにする。でも次の日曜、またゴルフの約束があったんだっけ。あー、気づかれないように家を出ないと。何でこんなに気を使わなければいけないんだ。いずれにしても、掃除をしていた人は悪くありません。ただ人知れず善行をなしていただけです。問題はそれを知った隣のお父さんの心の動きにあります。

悪行を見かけたときよりも複雑な心境かもしれません。悪に対しては、怒り、道徳心、軽蔑、哀れみ、いずれにしても自分が優越感を感じる心の働きです。これに対して善行は、人の心に強迫的に迫ってきます。無償の善行だったらなおさらです。早朝の掃除の例で、じゃあ私も掃除を手伝おうと思ったとしても、何となくやらされ感を持ってしまうかもしれません。

善行に憎悪を抱く人の心がきれいとか、汚いとか、そういう問題ではありません。また必ず善行に対して憎悪を抱くというものでもありませんが、人の心はかくも複雑だということです。では、憎悪の対象になるのがいやだから、偽善者と思われたくないから、善行をしなければよいか。そうではないと思います。自分がすべきだと思うことはすればよいのです。もし善をなしているという思いを持たないで、その行為ができれば最高です。掃除の例でいえば、自分の心を磨くために掃除をする、自分が快適に地域で暮すために掃除をするなどです。なかなか、そういう心境に達することはできません。よいことをすると褒められたい、評価されたいと思います。でも、その気持ちに対して憎悪を抱く人がいるということは心しなければならないのだと学びました。

古人《こじん》は神の前に懺悔した。今人《こんじん》は社会の前に懺悔している。

芥川龍之介（日本の小説家）

平日の昼間にテレビをつけると、各局ワイドショーだらけです。文春砲という言葉も、今やすっかり市民権を得ました。様々なスキャンダルがあったとき、犯罪行為が発覚したとき、マイクを向けられた方はテレビカメラや報道陣に向かって深々と謝罪します。まあ犯罪行為は置いといて、不倫報道だったとしましょう。「ファンの方にご心配をおかけして」、「マスコミのみなさんをお騒がせして」など、よく使われるフレーズですが、まずお詫びをしなければいけないのは家族に対してです。スキャンダルを起こした人が政治家だとすると、例えば、旦那さんが不倫したときに、不倫されてしまった奥さんが出てきて、国民のみなさんにご心配をおかけしてと謝罪するのが次の選挙で落選しないための特効薬だそうです。まさに芥川龍之介さんが言うところの「社会の前に懺悔している」状態です。

でも、本来は懺悔というのはもっと深い心の働きです。キリスト教のカトリックでは告解室というのがあって、壁を隔てて神父さんに懺悔を聞いてもらい、神の赦しをこう告解があります。だから懺悔というと、西洋の映画などでご覧になりキリスト教を想起する方が多いのではないかと思います。でも懺悔は、じつはキリスト教に限ったことではないそうです。仏教の天台宗ではキリスト教の告解に似た懺法《せんぼう》という儀式があるそうです。いずれにせよ、赦しを与えることができるのは人ではなく神仏です。人は悪行のみならず、善行すら憎しみの対象にしてしまう存在です。裁判官であっても、その道を究めた有識者であっても、必ず主観が入ってしまいます。だから裁判では「裁判官の心象」という言い方をして主観が入ることを前提としています。ときには善行すら憎しみの対象としてしまう人間に対して、その集まりである世間、社会に対して、赦しをこうから苦しくなってしまうのです。文春砲が来るような大げさな話ではなくても、農耕民族であり集団を大切にする日本人は常に世間の目を気にして、波風を立てないことを行動準則としてしまう傾向があります。世間に価値基準を置いてしまうと、世間からはずれてしまったとき、極端に言えば村八分とされたと感じたとき、自分の存在が否定されてしまった気持ちになってしまいます。でも、日本国内に限定したとしても、どこでも通用する世間の常識というのは、じつはないのです。例えば毎日三千円のランチを食べることを贅沢だと感じる人もいれば、違和感のない人もいます。それぞれの家計に応じて行動すればよいわけであって、贅沢だと批判するのも、優越感に浸るのも違うと思います。天の目から見れば、五百円のランチを食べようが、三千円のランチを食べようが消費行動にすぎず、栄養摂取にすぎないわけです。

この格言でお伝えしたいことは、価値基準を世間や他者に委ねてしまうと苦しくなる、ということです。他者に迷惑をかけない限り、自分の、自分が信じるものを行動準則として生きたいものです。

好きか嫌いかではなく「これは、自分でやるのがいちばん合理的だ」と思えば覚悟がすぐに決まります。

岩田聡（任天堂の元社長）

人は好きなことをやりつづけることができれば、一番幸せです。嫌いなことでは長続きしません。でも、どんなに好きなことでも壁に当たって、また置かれた環境によっては、いやになってしまう時期も必ずあります。これは仕事や勉強に限ったことではありません。家族関係でも恋愛ですら、好きだけでは長続きしないこともあります。日本では三組に一組は離婚すると言われています。好きになったから結婚する、嫌いになったから離婚する、自分の気持ちに正直な結婚観、恋愛観も悪くはないのかもしれません。子どものためにがまんする、それも尊いことだと思います。でも、好きも嫌いも、がまんするも感情的なことです。

結婚生活や恋愛に限ったことではありません。人間関係を築くには、互いによい感情を持つことは大切だと思います。また相手のよいところを探すことも重要なことだと思うのですが、相手のよいところを探すには、少なくとも嫌いではないという感情を持っていることが前提となるように思えます。苦手な相手に対して、よい感情を持つことは難しい。

虫が好かないけれども職場や学校で毎日顔を突き合わせる、家族関係でもいやになってしまった、そんなときには少し理性に働いてもらってはいかがでしょうか。

職場は仕事をする場、学校は学業を修める場と割りきって、自分自身が効率よく仕事をしたり勉強をするためには、嫌いな人や苦手な人とどのようにかかわっていけばよいか、合理的に考えてみるのです。家庭もときには、家庭は共同生活を営む場と割りきって、自分自身が快適に過ごすためには家族とどのように関わるとよいかを合理的に考えてみる、そうすれば苦手な相手との人間関係にも突破口を見いだすことができるかもしれないし、そうこうしているうちに案外、相手のよいところも見えるかもしれない。

私は自分が経営する会社で働くスタッフもビジネス・パートナーだと考えています。特に翼学院グループのように社会的に貢献することを目的としている企業だと、入社試験で「あなたの会社、経営者であるあなたに惚れました」だとか「子どもの笑顔が見たい」という情緒的な志望理由だけを述べる人もいます。「では会社の経営に波があって下降しているときに無給で働けますか」と入社試験でこんなことを聞いたら今の時代では社会問題になってしまいますが、情緒的な志望理由だけの人にはそうたずねたくなります。「はい、無給でも働きます」と答える人は、信用できません。そういう人は船が傾くと真っ先に逃げ出すように思えます。「無給では生活ができないので困ります。だから会社の経営が下降しないように全力を尽くします」という人だったら信用できます。

自分自身を扱う際には、頭を用いなさい。ただし、他人を扱う際には、心を用いなさい。

エレノア・ルーズベルト（アメリカ合衆国第三十二代大統領フランクリン・ルーズベルトの妻）

勉強や仕事が面倒だから、疲れたから後まわしにする。理性では、今やらねばならないと理解しているのですが、感情に流されてしまう。自分の心を用いて自分自身を扱ってしまうと、独善的になり、自分を甘やかす結果となってしまいます。

これに対して他者に関しては、あいつのこういうところが問題だと頭を使って分析して、批判してしまいがちです。部下の動かない理由を上司がいくら理屈で考えても難しいです。わからないから部下の能力、人格、生活など総動員して、だめなやつと結論づけてしまう。しかし部下が動かない理由には、人間関係が大きく影響していることが多いのです。だから上司自身も部下との人間関係をふり返ってみることはもちろん、職場の環境も、部下にとって働きやすいかどうかという心を用いた分析の仕方が必要なのです。

自分自身を扱うときに、頭を用いて分析すると一歩も動けなくなってしまうとおっしゃる方もおら

れるかもしれません。例えば「私は夜型人間だから、朝起きるのが苦手だ。だから朝早く何かをすることができない」と分析します。でも、それは本当に頭を用いた分析なのでしょうか。朝起きるのがいやだという思いが入りこんでしまっているのではないでしょうか。対人関係が苦手だから学校にいけないという分析のなかには、対人関係が、学校が、面倒くさいという感情が混ざってしまっているかもしれません。もし自身の特性や個性を分析の対象とするのならば、どういう人との対人関係が苦手で、どう接したときに失敗して、どのように接したときにうまくいったのかまで分析してみる必要があります。

とりわけ保護者さんがお子さんと接するとき、観察するときには注意が必要です。お子さんの言動やお子さんに対する評価を保護者さん自身へ向けられたものと感じてしまうあまり、保護者さんはお子さんと一体化して感情的に受け止めてしまいがちです。例えば、お子さんを愛するあまり、学校にいけない理由をすべて学校や友人のせいにしてしまうのです。この場合には、かわいい我が子であるからよけいに理性を働かせて、頭を使って観察する必要があります。感情を排して冷たく接しろ、という意味ではありません。日常的にはふんだんに愛情を注ぎつつも、問題が発生したときには、冷静に観察、状況の把握を行って分析することが必要だという意味です。

情と理の使い分け、折り合いのつけ方は、人間にとっての永遠のテーマです。しかし、情があることは生きている証であり、理があるからこそ人間であるわけです。

愛は理解の別名なり。

ラビンドラナート・タゴール（インドの詩人）

この名言をシニカルに言い換えると「愛は誤解の別名なり」ではないかと私は思うのです。つきあってみて、結婚してみて、こんなはずじゃなかったとわかったときには「時すでに遅し」、憧れの人で恋焦がれていたあの頃が華だったと気づく、夢も希望もない話ですね。

人が他者を理解するとはどういうことでしょうか。

共感……確かに同じ音楽が好き、共通の趣味がある、人生観が似ている、と接点は生まれやすいでしょう。でも人間は個々別々なので、共感からスタートすると、違いを知ったときに唖然とすることになりかねません。

考え方や好みの違いを知って尊重すること……違いを尊重することができれば、多くの争いを避けることができるでしょう。でも、尊重するって理性の力、頭で考えることであって、心で感じる愛とは異なる気がします。

理解は自分がするものです。ありのままの相手を受け入れることではなく、自分というフィルターを通じて相手を理解するのです。「百年の恋が冷める」「結婚は恋愛の墓場」という言葉もありますが、こういう場合、相手が変わってしまったというよりも、自分の相手に対する見方が変わってしまったことが多いのではないかと思うのです。いっそのこと誤解したままのほうがよかったなんてこともあるかもしれません。

知らなかった相手の一面を垣間見たときに必ずしも自分が好ましい人格ではなかった。ましてそれが自分に向けられたときに、愛は岐路に立たされます。これは恋愛の「愛」に限ったことではありません。愛に基づき対人支援のボランティア活動をしていたところ、支援を受けていた人がじつは打算的にボランティアを利用していた。よいことをしていると思って活動したら相手から攻撃された。こんなときにも愛は岐路に立たされます。

そんな愛の危機はどのようにすれば乗りこえられるのでしょうか。恋人、奥さん、旦那さん、ボランティアの対象者をじっくりと見つめてよいところを探そうとしても、かえっていやになってしまう可能性が高いです。そんなときには、「天を仰いで人を愛する」と達観するのもひとつですが、人を愛している自分をとことんかわいいと思う、自分を愛するという世俗的なやり方もひとつだと思います。そんなこんなしているうちに、また相手のよさが見えてくる、愛する意義も見いだせる、のではないかと思うのです。そのまま醒めていって終わってしまうことがないとは保証できませんが。

このような意味で、最初に私が言った「愛は誤解の別名なり」もあながち的はずれではないかと思う次第です。身もふたもないような話でしたね。義理でチョコを渡すというのは、恋愛ではありませんが、究極の人類愛と言っても過言ではありません。

感謝するに値するものがないのではない。
感謝するに値するものを気がつかないでいるのだ。

中村天風（日本の実業家、思想家）

引きこもりの私は最近、インターネットで配信されている番組を見ることにはまっています。そんな私の好きな番組のひとつに、漫画家さんが自分の好きな女性のために成長しようとしてバイクで全国一周をする、というドラマがあります。そのドラマのなかで、浮気した父ちゃんが息子に「一生、愛しつづけられる人と結婚しろよ」という台詞がありました。浮気した父ちゃんが言っているのに、いえ、言っているからこそ、とても胸に響きました。我が家も結婚十年目を迎えて、そろそろ倦怠期です。私はバツ2なので、過去もよい夫だったとは言えません。パートナーを一生愛する、なんて夫婦は紆余曲折がありすぎて難しいとは思うものの、考えてみれば、他人同士が一緒になって、ひとつ屋根の下で暮らしていること自体が奇跡です。天風さんのおっしゃるところの「感謝するに値するものを気がつかない」ところを乗りこえて、パートナーを大切にしようって改めて考えることは大切なんじゃないかと今更ながら思いました。パートナーなんていないよという方でも、生んでくれた親、育ててくれた人が必ずいます。親や育ててくれた方は他界されているかもしれませんが、感謝する心は必ず届くと私は信じています。

約十年前「翼学院物語」という漫画が世に出たとき、漫画のなかの私は「父は暴力的で、そのために家庭が壊れ、私が築いた家庭まで壊れ……」と恥ずかしながら恨み節を語っていました。父とは絶縁状態にあり二十年ぐらい会っていませんでした。もうこれ以上、父に壊されたくないという思いでした。父ひとり子ひとりでしたから、安易に縁を切った切られたということではありません。お互いに深い思いを持っていました。だからよけいにそばにいてはいけないという周囲の意見もありました。その父も三年前に亡くなりました。とうとう死に目に会うことはできませんでした。大泣きしました。亡くなってみると恨み節は消え、よい思い出ばかりが浮かんできました。子どものころに大きな地震があったとき、父は真っ先に私のもとに飛んできて抱きかかえてくれました。拳でしか表現できなかった不器用な父。最近は父を思い浮かべると温かい気持ちになります。思春期の息子を育てていると、複雑な私を育てるのがどれほど大変だったことかと父の苦労が偲ばれます。直接、父に感謝の言葉を伝えることができなかったけれども、天にいる父にいつも感謝の言葉をかけています。

家族や身近な人に限ったことではありません。例えば犬の散歩をしていると声をかけてくれる近所の方、買い物をするときに言葉をかけてくれるお店の方、たくさんの人に支えていただき、自分があります。人だけではありません。人情を愛する日本の文化、自然に満ちた日本の国土、そのよさが集約した葛飾という地、道端で咲いて私たちを励ましてくれる花、世の中は感謝に値するものにあふれています。ひとつひとつの縁に気づいて、感謝して生きていきたいと思います。

孤独と寂しさは違うし、
独りで暮らしている人は、
その両方を親しく知るようになるのよ。

メイ・サートン（アメリカ合衆国の小説家）

いっとき、おひとり様という言葉が流行りました。少子高齢化社会のなかでは、自ずとひとり暮らしの方が増える傾向にあり、心豊かにひとりで暮らすことが人生のひとつのテーマともなってきます。

私自身が寂しがり屋で、幼い頃は母親の姿が見えなくなると泣きながら家のなかを探して歩くような子どもでした。三歳のときに実の母と別れるという体験をしたため、失うことに対する恐怖心が強かったのかもしれません。

でも、歴史の人物をふり返ってみたときに、メイ・サートンさん以外にも、自ら孤独や寂しさのなかに身を置いてきた人が多数見られます。例えば、松尾芭蕉。「古人も多く旅に死せるあり。予もいづれの年よりか、片雲《へんうん》の風にさそはれて、漂泊の思ひやまず」と奥の細道で書かれています。俳人の種田山頭火《たねださんとうか》は妻子と別れて放浪の旅に出て、「夕立ちやお地蔵さんもわたしもずぶぬれ」のような孤独をテーマにした俳句を詠んでいます。

不仲な家庭で暮らすよりは、孤独のほうがましというネガティブな選択ではなく、四季の移り変わりや自然と向かい合い、また自らの人生と向き合うために積極的に孤独を選ぶ生き方もあると思います。生活のスタイルや身の置き方として孤独を好むということは想像できます。でも、寂しさと親しくするという境地は私には計り知れないものがあります。寂しさはネガティブな心の状態ですし、あえて仲よくする必要がないのではないかと思ってしまうわけです。こんなことを考えていたら、コラムニストの中森明夫さんの『寂しさの力』という本を見つけました。人間のもっとも強い力は寂しさでそれが生きる力への原動力になるという本です。例えば、芭蕉や山頭火には創作の原動力に、スティーブ・ジョブズやディズニーには事業の原動力になったという中森さんの考え方です。寂しいというネガティブさをパワーに変えるという考え方には共感できる点は多々ありますが、それでも寂しさがネガティブな心の在り方である点には変わりなく、あえて仲よくする必要性までは感じられない。

ふと、今は亡き父が言っていた言葉が頭に浮かんできました。「生まれてくるときにもひとり、墓に入るときもひとり」という言葉です。老若男女問わず、人は死に向かって進んでいく存在である。生死については個人的なことであり、家族でも親友でも他者と共有することはできない。自分の人生を生きているのは自分自身で、孤独であることを自覚しておかないと、死と向かい合ったときに、七転八倒することになる。寂しさは死と向かい合ったときに七転八倒しないため、また生死が個人的であることを実感する、そのトレーニングのために天が人間に与えた感情ではないかと考えるに至りました。生き物としての人間が本質的に孤独であり、寂しさをかかえているものならば、これと親しくしない手はない、このようにメイ・サートンさんはおっしゃっているのかもしれません。

なに人も
己れ自身と同レベルの者に
先を越さるるを好まず。

ティトゥス・リウィウス（古代ローマの歴史家）

今も昔も人の心を騒がせる嫉妬心についての格言です。嫉妬心というと、男女の間柄の専売特許のようですが、じつは同性同士の嫉妬心のほうが厄介のようです。例えば出世競争で敗れたとき、狭い心を持ってしまうと仕事で足を引っ張ろうとしたり、失敗を願ったりするようになります。パーティにおしゃれをしていったのに、ほかの人が注目されたとき妬んで、成金趣味でセンスが悪いと仲間内で悪口を言ったり、その後、ずっと根に持って意地悪するかもしれません。とかく人の心を騒がせる嫉妬心ですが、では奥さんや彼女が、旦那さんや彼氏に対して抱く嫉妬心の本質はいかなるものでしょうか。もちろん不実なパートナーへの憎しみの気持ちもあるのでしょうが、それは本質的な嫉妬心なのでしょうか。

嫉妬という漢字は、嫉み&妬みと二重の妬みなのです。熟語の前のほうの嫉みは自分自身が持っていないことから起きる感情だそうで、後ろのほうの妬みはほかの人が持っていることに対して起きる感情だそうです。自分が持っていなくて、他人が持っている、自己のマイナスと他者のプラスが組み

合わさって心情的に大きな差と感じるため、嫉妬心は質が悪いのです。

さて、男女の嫉妬心に戻りましょう。『ローマ建国史』の理屈から考えると、浮気の場合、パートナーが浮気相手を持ったことが許せないことよりも、パートナーを取られた浮気相手、つまり同性に対して起きる感情が嫉妬心の本質のように思えます。だから、浮気相手に対して「この泥棒○○！」なんて怒ったりするわけです。もし浮気相手がパートナーと共通の知り合いだったら、嫉妬心は格別に高まるわけです。

では、嫉妬封じの特効薬についてお話ししましょう。嫉妬の本質が他者との比較ですから、比較をしないことです。とは言っても、人間は比較をしてしまう生き物です。どうしたらよいか。例えば、自分だけの愉しみを持つ。比較の基準を自分寄りにずらしてみると、案外、他者を許せるかもしれません。また、すべてについて他者に優越しようと考えないことです。

嫉妬心って、じつは子どもたちの学校生活にも影響しているんです。いじめも嫉妬心に起因していることも多いです。また例えば、勉強で勝てない、スポーツで勝てない、勝てないことが重なりすぎると劣等感になってしまいます。劣等感で苦しんでいる子どもたちをサポートしてきた私の立場からアドバイスできることは、絶対に負けないことを作るです。人間、どうしても比較してしまう生き物なのですから、比較をしないでと言っても難しい。だったら、勝てるものを持つことが重要です。どんなものでもよいのです。これは大人にも言えることです。

家庭愛は自愛と同じである。罪悪行為の原因とはなるが、それの弁解にはならない。

レフ・トルストイ（ロシアの小説家）

夫の立場からすると妻につくして家庭愛という理想郷を求めてきたのだけれども、年月を重ねるに従い、やさしかったはずの妻が、桃太郎の鬼のように変わってきた。飯も作ってくれないし、洗濯物は箸でつまむ有様。家庭に帰るのがつらくて、夜な夜な飲み歩くようになった、そんなときに立ち寄り先のスナックで知り合った女性、妻と違ってとてもやさしい言葉をかけてくれる。デュエットなんかもしちゃったりして、つい飲みすぎて、つい出来心で……。いわゆる「ゲスなんとか」という流行語がありましたが、そういう関係になっちゃった。そんなときに家庭愛が充たされなかったからという言い訳は許されない、とトルストイさんは言っています。

愛する我が子をなりふり構わず溺愛する。幼ない子どもが電車のなかで大声を張りあげたり、椅子に靴を履いたまま後ろ向きに座って窓の外を見る。眉をひそめるほかの乗客を子どもだから仕方ねぇだろうと睨みつけるのも、家族を守るため、我が子を愛するがゆえの行為としては肯定されません。

世間様から見たときには、家族は一体です。家族を愛するがゆえに、また家族関係の苦しみがゆえに、他者をトラブルに巻きこんでしまった場合、それは自分のためにやったのと同じだろうと言われてしまうということです。

では、家族以外の誰かのために罪悪行為を行った場合には弁解できるのでしょうか。恋人のため背任行為を行ったとしたら、家族のために行うよりも罪は軽いのでしょうか。そういうことではありませんよね。恋人のため罪を犯した場合でも、自分が愛する恋人のためと「自分が」がつくので、自己愛に基づく行為と言えるでしょう。

では、トルストイさんはこの言葉でいったい何が言いたいのか。私流に解釈すると、家庭には魔が潜んでいるから気をつけろという意味に捉えます。

家庭ではともに生活を営んでいるため、自他の境界線が曖昧になってしまいます。それゆえ、他人の境界に足を踏み入れることでトラブルになることも多いのです。

トルストイさんのこの言葉の力点は、家庭は弁解にならないよりも、罪悪の原因になる、にあると私は考えます。

都立高校の国語の入試問題で「家族に背中をそっと押してもらって、世間に出ることができた」という文章が掲載されていたことが頭に残っています。そういう家族関係を築きたいものです。家族は社会集団の最小限、世間の渡り方をトレーニングする場でもあります。魔物が潜んでいることに絶望するのではなく、家族同士で支え合って生きていきたいと私自身も思っています。

孤独だということは
人と違う人間だということ。
人と違っているということは
孤独になるということ。

スーザン・ゴードン（アメリカ合衆国の女性作家）

佐々木マキさん作の『やっぱりおおかみ』という絵本があります。ひとりぼっちの子どものおおかみは、仲間を探してさまよいます。うさぎの町、やぎの町、ぶたの町。だけど、みんなが逃げていきます。自分に似た子を見つけられず、おおかみの子は、自分は「やっぱりおおかみ」だと気づくのです。そこには悲しみも気負いもみられないように感じられました。

一九七七年に出版された絵本ですが、私がこの絵本と出会ったのは三十歳をこえてからです。私自身の持つ障害の特性から社会に適応できず、また離婚をして子どもとも離ればなれになって孤独にさいなまれていた当時、漫画家の山田花子さんがこよなく愛していた絵本と紹介されていたことをきっかけに、この絵本を手にしました。

一般的に、日本人は農耕民族なので、またムラが生活の単位だったため、人と違うことを怖れると言われています。しかし第二次世界大戦後、核家族化が進み、また日本を支える産業構造も集団で行う産業から第三次、第四次産業に移行してさらに終身雇用制が崩れてきたことから、日本人の集団への帰属意識は希薄になってきました。また、おひとり様という言葉が普及しているように、二十年後には、東京都や大阪府では六十五歳以上の約四十五パーセントがひとり暮らしになるという推計が出ています。

集団に帰属すること、みんなと一緒でありたいという思いと、一方で孤独になりがちな現実と。そのはざまで日本人は葛藤しているのではないかと考えます。特に集団のなかにいて、自分だけ適応できないという疎外感を感じるとき、孤独という意識がいっそう重くのしかかってきます。しかし集団のなかで楽しそうにしている人も実は内心は孤独感を抱いているのではないか。人間はもともと孤独だからこそ、それを補うために集団を形成するのではないか。さらに進んで言えば、それぞれの個性を認め合うことができる、孤独であることが怖くない集まりが理想的な集団や社会である、と言えるのではないでしょうか。

新しい職場や学校、クラスでなじめないと悩んでいる人は、この格言や絵本の『やっぱりおおかみ』を思い起こしてもらえたらと思うのです。無理にまわりと合わせる負担を自分に強いるのではなく、本来の自分のあり方で、自分なりに集団のなかで存在していればよい、ときには集団からはずれてしまってもよい。孤独を怖れず、自分であることに誇りをもって生きていけば、必ずあなたの居場所が見つかるはずです。

十人が十人とも悪く言う奴、
これは善人であろうはずがない。
だからといって十人が十人ともよくいう奴、
これも善人とは違う。
真の善人とは、
十人のうち五人がけなし、
五人がほめる人物である。

孔子（中国の思想家）

『論語』の書き下し文では、次のようになります。
〝子貢《しこう》問いて曰《いわ》く、郷人《きょうじん》皆これを好まば、何如《いかん》。子《し》曰く、未《いま》だ可《か》ならざるなり。郷人皆これを悪《にく》まば、何如。子曰く、未だ可ならざるなり。郷人の善き者これを好み、その善《よ》からざる者これを悪むに、如《し》かざるなり。〟

つまり善人から好かれ、悪人から嫌われる人がよい、と述べているわけです。でも、善人、悪人とはどのように分けるのでしょうか。曖昧です。自分を好いてくれる人が善人か、嫌っている人は悪人か、判断して自分の評価をする格言と考えるのもナンセンスです。

この格言の場合は、あえて意訳のほうの「十人のうち五人」がしっくりきます。万人に好かれようとするのでは、自分の個性を消してしまいかねません。

個人的な見解ですが、自分の印象を上手にコントロールして、十人中十人に好かれるようにできる人には、どこかうさんくささを感じます。うさんくささがなく十人中十人に批判されない人は、ひたすら自分の心を隠しているように思えます。しかし、俺は、私は、嫌われても構わないと人を顧みない姿勢では、まわりの人も困りますし、自分自身が不幸になってしまいます。

人と人との相性、好き嫌いは、第一印象やそのときの体調、心の調子など些細なことから固定化されてしまうものです。だから第一印象で好感を持たれるようにと努力している営業やサービス業などに従事する人もいます。だけど、どんなに努力しても、相性が悪いこともあります。

自分は自分以外の何者でもない。誠意をもって人と接し、それでも相性が合わないならば仕方がない。このように考えることが、自分を委縮させず、また必要以上に愛想をふりまく必要もなく、等身大の自分でいられるひとつの道ではないか、と考えます。

単に好悪でなく、孔子は「悪まば」とまで言っています。意訳では「悪く言う」と言っています。相手を害することがなくても、憎まれたり、悪く言われてしまうことまである、ということです。だから他人の評価を怖れる必要はない。他人の評価を気にして人生を楽しめない、自分のやりたいことをやることができないのは、もったいないと思います。

少しの欠点も見せない人間は、
愚か者か偽善者である。
そのような人間を警戒せよ。

ジョセフ・ジュベール（フランスの哲学者）

欠点を見せない人間が「偽善者」というのは、何となくしっくりきますね。では、なぜ「愚か者」なのでしょうか。その理由について、欠点を見せないことで、他の人と距離を縮めることができず、真の友人や仲間ができないからという説があります。逆説的に言えば、わざと隙を作って友人や仲間を作るのが賢者であるというこの説、その賢さはこざかしく、真の賢者とは言えない気がします。

欠点を見せない心のあり方の根底には、欠点があることが悪という考えがあると言えるでしょう。この欠点があることが悪と考える心のあり方が愚かしい、と私は解釈します。欠点は、人と人を結び付ける接着剤のようなものなのに、また自分が生きていくための緩衝材なのに、それを悪と決めつけてなくそうとするのは愚かだ、という考えです。

欠点のない人間を見たら、みなさんはどう感じるでしょうか。その人を煙たく感じたり、またその人とつきあうときには、自分自身が欠点を出してはいけないように感じて息苦しく感じたりするのではないでしょうか。

カラオケがうまい人について、思い浮かべてみてください。一曲目ぐらいは「おぉ、うまい！」ってなりますが、二曲三曲歌われると「もういいよ、分かったから」って気持ちになるでしょう。

カラオケ自慢の人のなかには、「俺（私）のほうがうまいのに、なんで下手なあの人の歌のときの方が盛り上がるの？」って経験をお持ちの方もいらっしゃるかもしれません。お世辞にも歌が上手とは言えない人が、汗をかきながら歌う姿は愛嬌があります。カラオケが下手なことが欠点と言えるかですが、欠点は人と人を結びつける接着剤のようなものとは、そういう原理です。欠点が自分のクッションの役割を果たすとは、自分自身の欠点を許せることで、自分自身の息抜きになるという意味です。他者が欠点のない人間を愛せないように、自分自身にも欠点がなければ、愛せないという意味です。そういう自他ともにとって大切な欠点なのに、悪と決めつけて、なくそうとしてしまうほど愚かな人は、他者の欠点も許すことができないので警戒しろ、という意味と考えたら、この格言がしっくりきます。だから、みなさん、欠点も含めて自分を愛してあげてください。欠点を持った他者を愛することができれば、その人間関係は必ず良好になります。

許しがたいような大きな欠点も、愛してくれる人との関係では、許容できる範囲の欠点に転ずるのではないでしょうか。カラオケの例でいえば、下手でも拍手していると、自分の番でも拍手してもらえる感じでしょうか。違いますかね。手のつけられない不良と言われる子であっても、心を開いた相手に対しては優しさを見せる、という例もたくさんあります。この例のほうがわかりやすいですね。いずれにせよ、自他の欠点を責めてなくしてしまおうとするほど愚かなことはないということです。

許すということの甘美さを知らぬ愛は、愛とは呼べない。

ジョン・グリーンリーフ・ホイッチャー（アメリカ合衆国の詩人）

『犯罪心理学』という書を書いたハンス・グロースは「愛と憎しみは全く同じものである。ただ、前者は積極的であり、後者は消極的であるに過ぎない」と述べています。この言葉を知ったときに私は強い違和感と、ほんの少しの共感を覚えました。

ほんの少しの共感の部分について。「愛憎相半ばする」なんて言葉もあります。愛を例えば、男女間の恋愛と考えたとき、与えられないときに苦しみが生じる、裏切られたときに憎しみに変わる、なんてこともあります。極端な場合には、思いあまって殺めてしまうなんて話もあることからすれば、グロースの言うことも理解できないことはありません。

しかし、愛が許しを伴う場合には、もっと大きな愛に高まります。自己愛を中心とした愛が、博愛へと変わるわけです。

博愛というと何となく偽善的な感じがするかもしれません。愛という言葉の持つ甘美な響きが説教くさい響きに変わってしまうように感じるかもしれません。しかし、慈悲の心、慈しみの心に抱かれると考えると、何か温かい気持ちになります。その気持ちを他者にも及ぼし、それが自分と相手の間

にひろがると考えると、ホイッチャーの言うように、許すことを伴う甘美な愛となるわけです。

ホイッチャーはクリスチャンなので、許しが重要なテーマとなっているわけです。キリスト教では、人間は罪を背負った存在で、神の許しによって贖われると考えるわけです。人間の愛憎相半ばする愛をこえた大きな愛です。

聖書には「愛は忍耐強い。愛は情け深い。ねたまない。愛は自慢せず、高ぶらない。礼を失せず、自分の利益を求めず、いらだたず、恨みを抱かない。不義を喜ばず、真実を喜ぶ。すべてを忍び、すべてを信じ、すべてを望み、すべてに耐える」と書かれています。

哲学的に言うと、エロスの愛が自己愛を中心とした愛、アガペーの愛が許しを伴う愛です。

許すことも、慈悲の心を持つことも、アガペーの愛も悟りの境地に近く、人間が達するのはなかなか難しいことだと考えます。でも、日常生活で考えても、許し許される関係は心地よい、温かい関係です。

結局、何が言いたかったかと言うと「母ちゃん、二度としないので許してね」ということです。

もしある朝目を覚ますと、
全ての人間が同じ人種、同じ宗教、同じ肌の色になっているとしたら、
我々は正午までに
別の偏見のタネを捜し出すことだろう。

ジョージ・エイケン（アメリカ合衆国の劇作家）※作者不詳という説もあります。

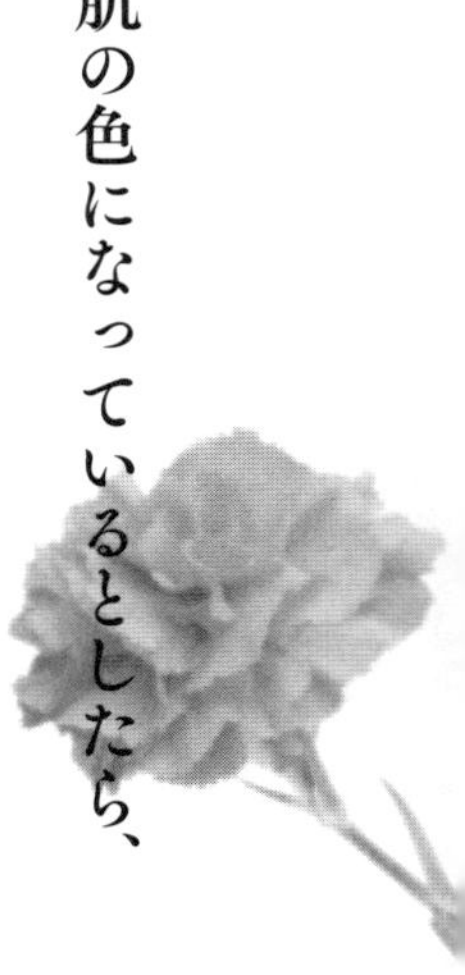

皮肉っぽく感じる方や、そんなことを言っていたら差別はなくならないって思われる方もいらっしゃるかもしれません。ちょっと波風が立ちそうな名言をあえて選んでみました。人間を含む動物の生存本能のなかには、他者比較が含まれていると考えています。原始時代に思いをはせてみましょう。自分より強いやつと喧嘩をすると生命を奪われてしまいます。自分よりも強い動物の狩りをする場合、道具を持たないと自分がやられてしまいます。動物でもメスの奪い合いのなかで相手が強いとみると戦わないで身を引くなんてこともあるのです。生存本能まで遡らないとしても、自分よりも劣っていると感じる他者を見るとほっとする、逆に優れていると感じる他者を見ると嫉妬するなんてよこしまな感情が存在するのも事実です。だからビンボー（本当に「経済的に貧しい」という意味ではなく、カタカナで表記する視聴者が安心してみることができる程度の）をタイトルにするテレビ番組や他人の不幸を取り扱ったワイドショーなどが流行るのです。少子高齢化による人手不足対策として、政府

は外国人労働者を積極的に受け入れようとしています。特にこれまで島国で育ってきた私たちは、外国人と会ったときに、肌の色や文化の違いを気にしないではいられないと思います。「裸の王様」で王様が裸だと叫ぶ少年ではないですが、大人が分別をもって違いについて触れないようにしていても、お子さんは違いを素直に口にすることもあるでしょう。そういうときに「みな同じ人間なのです」と理念的に押しつけても、お子さんはしっくりこないでしょうし、平等や人権教育にはつながっていかないと思います。大切なことは、違いを理解してお互いに多様性を受容することです。肌の色、言葉、育ってきた環境、宗教等々が違ってもお互いに生きているんだと思えることです。さらに一歩先に進んで違いについて興味を持って理解し合えるようになれば最高です。

障害を持つお子さんとそうでないお子さんとが一緒に活動したときに「なぜあの子は○○なの？」という疑問の声を聞くことがあります。障害を持つお子さん同士でも他の子の特性が気になって「なぜあの子は○○なの？」という疑問は生まれます。お子さんにそんな疑問が生まれたときにはチャンスです。他の人の特性をしっかりと理解して、自分自身にも特性があるのだから、他者の特性も受け入れるという意識を持ち、いずれその特性が気にならないところまで指導者や支援者が随伴することが大切です。間違えても「人のことを言ってはいけません」なんて違いを感じた子を頭ごなしに叱ったりしてはだめです。人間は偏見を持つ生き物なんだと自覚したうえで、自他の違いから目を背けるのではなくともに生きていく意識を持ち、ともに理解していくことです。この名言は差別の根源にある人間の本質を理解するために有意義な言葉だと思うのです。

第7章
子育てや社員との接し方につまずいたとき

親の節度は子供にとっての最大の教訓である。

ストバイオス（ギリシアの詩人）

「節度」を辞書で調べると「度をこさない適当なほどあい」と書かれています。食べることに節度がないと、暴飲暴食して身体を壊してしまいます。仕事も節度を持って行わないと、過労で倒れてしまいます。何事にも節度をもって臨んだほうがよい。

特にお子さんは、適当というのがどの程度のものなのか判断がつかず、欲求が先行してしまったり、熱心にやりすぎたりして節度を欠いてしまいがちです。例えば、スマホやゲーム。ここで終わりにしておこう、という適当なほどあいでやめることができず、ゲーム会社の思惑に乗ってしまい、ずるずるとお金と時間を使ってしまう。

ただそういう一般的によくないとされることだけでなく、奨励される勉強においても、スポーツや部活においても節度を欠いてしまうと、心身に故障をきたしてしまいます。最近のスポーツ科学では休息を取ることが重要だと言われています。私の大好きな筋トレもそうです。ハードワークで筋肉を追いこんで筋繊維を破壊し、休息を取って筋肉を回復させたのちに、さらに筋繊維を破壊することで筋肉は肥大します。休息を取らずにハードワークを続けると、かえって身体が小さくなってしまいます。非行防止や競技力の向上のためと称して、中学生にナイター設備をつくって夜遅くまで休日もなく部活をやることに対して、スポーツ庁が「休養を取るように」というガイドラインを出しましたが、スポーツ科学の観点からも正しいと思います。

学習も同じです。学習の合間に適度な休憩を挟まないと能率は低下します。筋線維が破壊されて戻らなくなるように、メンタルが破壊されて戻らなくなってしまうリスクもあります。だから興味や意欲が持続する範囲の時間に分割して、一日に何科目も取り入れて、同じ科目でも、例えば英単語の暗記、文法、リーディング、スピーキングなど分散させて学習することが勉強時間数を増やしてもオーバーワークにならないコツです。

しかるに、お父さんが過労で倒れるほど仕事をしてしまっていては、お子さんの手本になりません。お父さんは、家に仕事をどうしても持ち帰らなければならないようなときには、イージーリスニングを聴きながら、リラックスした空間で、優雅に仕事をすることで、お子さんが快適に学習をする手本となっていただきたいと思います。いらいらしながら仕事をしている姿を見ていると、お子さんも勉強をするときにいらいらするようになります。お母さんの家事も同様、仕事を持っているお母さんは家事との両立が大変かもしれませんが、お父さんにも手伝ってもらって楽しそうに家事を行ってください。

節度を保つとは、量的、時間的な意味で度がすぎることを戒めるだけでなく、気持ちの部分でも余裕を持つことを意味すると思います。

愛するということは、
我らが互いに見つめ合うことではなく、
ともに同じ方向を見つめることだ。

サン=テグジュペリ（フランスの作家）

不登校や非行など、お子さんの問題を解決するために医師や臨床心理士、カウンセラーのもとをたずねたお母さんは、もっと真剣にお子さんと向き合ってくださいと言われることが多いですね。その言葉を信じてお子さんに、スマホでゲームを一晩中やらないようにと説得するのですが、お子さんは聞く耳を持ちません。ここで引いてはいけないと、お母さんは厳しい口調で説得したり、怒鳴ったり、最後にはスマホを取り上げたりします。お子さんの反発はいっそう強まり、隠されたスマホをお母さんの部屋の箪笥の引き出しから見つけ出して、これでもかとゲーム三昧。昼間起きているとお母さんがうるさいので、昼夜逆転した生活を送って夜型人間となり、お母さんと顔を合わせないようにします。それでもお母さんが叱ると、ＬＩＮＥで知り合った人のところに家出をしてしまいます。

もはやなす術なし。医師やカウンセラーは向かい合いなさいと言ったから、そのとおりにしたのに。「医師やカウンセラーから、もう警察や児童相談所に相談するしかないですねと言われました。芦澤先生、何とかしてください」

こんな相談を受けることがとても多いです。

そんなときには、サン＝テグジュペリさんの格言を思い出してみてください。お子さんの問題に向かい合うよりも、お子さんの将来を一緒に考えて、自立した大人になるため、どんな職業につくか、そのためにはどんなスキルや学習が必要で、どんな学校に進学したらよいか、将来を見据えて一緒に考えてみてください。自立には、知力に加えて体力も必要です。テレビでスポーツを見ながら、「やったら楽しそうだね」って話をして、一緒に同じ競技を始めてみるのもよい。お母さんが、四六時中、一緒にスポーツや勉強をする必要はありませんが、興味や関心を共有することは重要です。心を整えるための座禅もよいでしょう。それをお子さんだけにさせず、お母さんも一緒にしてみるのです。

もちろん、将来のことを考えてみようとお子さんに声をかけても、ゲーム三昧のお子さんがすぐに、素直に応じるわけはありません。ゲームをやめろというのではなく、そんなときにもあきらめずに、将来に向かって、生活のあらゆる局面で、全方位でお子さんに働きかけるのです。すなわち、口だけでやかましく言うのではなく、同じ方法を見据えて、一緒に行動してみることです。そして、お子さんの将来に向かって親が必死になって動いている姿を見せるのです。すぐにお子さんの行動には反映しないかもしれませんが、必ずお子さんの心に一生懸命になっているお母さんの姿が残るはずです。時間をかけてその状態になったのですから、すぐに改善することを期待しても難しいと思います。それでも重要なのは、あきらめずに、一緒に将来を考えていくこと、一緒に対策を考えていくことです。お子さん自身も、本質的にはゲーム三昧の生活が苦しいはずです。

百歩譲って、オレの番組が子供に悪影響だったとしよう。
でも、それなら親であるあなた方が、「マネしてはいけませんよ」と言えばいい。
たかだか一時間の番組のほんの数分間の一コーナーの影響力に、
あなたたち、親の影響力は劣っているのか。

松本人志（日本のお笑いタレント）

ダウンタウンの松本人志さんは、覚悟を持ってお笑いに臨んでいるように思います。一流と言われる芸人さんは、笑いを取ることにも、それに伴って毒を吐くことにも覚悟を持って臨んでいます。芸人さんに限らず、それぞれの分野で一流と言われる方は、覚悟をもってお仕事をしています。私が一流かどうかは置いておいて、私も覚悟を持って仕事をしているつもりです。

私が行う三者面談では、お子さんだけではなく、保護者さんにも必要な場合には厳しいことを言います。翼学院グループは公立の小学校や中学校と異なるので、厳しいことを言って辞められてしまったら、もうお子さんをサポートすることはできません。それでも私は必要と感じたら、お母さん、お父さんが変わらないとお子さんも変わりませんぐらいに厳しいことを言います。

一介の塾の講師が何でそんなことを言いきれるんだと思われる保護者さんもおられることと思います。その答えは、学習指導に覚悟と責任をもって取り組んでいるからです。成績が上がらないのは、お子さんが勉強しないからと言って私たちが責任転嫁をしていたら、翼学院グループに通うお子さんのほとんどが成績は伸びません。また翼学院グループには生活訓練の場もあります。だから私たちには、お子さんの問題に取り組む不退転の覚悟が必要なのです。

学習が困難な子を集めて塾をやることについて、十年前にオープンした際には、同業者からもあり得ないと言われました。でも、十年間、覚悟をもって、お子さん、保護者さんを取り巻く問題と格闘してきました。その覚悟は教室数が五教室になった今でも変わりません。私は新学期になって1日十家庭と一家庭当たり約一時間の三者面談も行っています。現場に立ちつづけるという点で、また覚悟をもってチャレンジしつづける点で、松本人志さんにはとても共感できるのです。

保護者さんが、保護者さんとしての覚悟を持つことができれば変わることができるのにと思うお子さんがたくさんいます。いくら塾の講師ががんばっても、学校の教員ががんばっても、赤ちゃんの頃から育ててきた保護者さんの力にはかないませんし、そうでなければいけないと思うのです。翼学院グループのお陰で変わることができた、と言っていただくととてもうれしいのですが、子育てのMVPは、やはり保護者さんであってほしい。塾や学校任せにせずに、真正面からお子さんと向かい合ってほしい。そういう思いをこめて、この名言を取り上げました。

翼学院グループのスタッフを見ていて、管理者と新入社員で大きな差があるのは、指導技術よりも覚悟です。リーダーと呼ばれる人に覚悟がない組織は滅びます。それは企業に限らず、国家でも地方行政でも、学校でも家庭でも同様かもしれません。

弱い者ほど相手を許すことができない。許すということは、強さの証だ。

マハトマ・ガンディー（インドの政治指導者）

スマホの課金ゲームをやるために親のお金を盗む。最近、私がよく相談を受ける内容です。当社の顧問であり、子どもの人権委員を務められている弁護士さんとよくお話しするのですが、課金ゲームの年齢認証の在り方にはとても問題があります。ゲームをやりたくてしょうがない子で、自分は課金ゲームができる年齢ではありませんと自己申告する子は皆無と言ってもよいでしょう

説教をしたうえで、何度も「二度としない」と約束させても、またお金を盗まれてしまうという相談がとても多く寄せられています。そういう場合には、盗んだお金の対価分の家の手伝い、労働をさせることを勧めます。

許すことと責任を取ることは別物です。お子さんが社会に出て万が一盗みを働いてしまったとき、「ごめんなさい。反省しました」だけでは許されませんし、盗んだものは返さなくてはいけませんし、働いてお金を返さねばならないこともあります。場合によっては罪を償うために刑務所にいかねばならないでしょう。家庭はお子さんが最初に所属する社会です。そこでしっかりと社会のルールを学んでおくことはとても重要なことです。

謝ったからおしまいではなく、責任を取ることの重さ、大変さを幼い頃から家庭でしっかりと学ぶべきだと私は考えます。しつけという言葉は最近嫌われる傾向にあるようですが、私は家庭でのしつけは重要だと思います。例えば盗みをした子に、おまえは盗人だからと言いつづけることは、憎しみが勝ってしまっている状態、親として安定感がない、ガンジーさんの言う弱い者である状態だと思います。でも「もう盗まないと信じている。だけれども、過去に犯してしまった過ちの責任をしっかりと取っていこうね」とお子さんに寄り添いながら、信じながら、責任を取ることを学ばせていくことは、許せないこととは別物だと思うのです。それは保護者の感情とは別物のしつけ、教育です。

盗むことに限らず、お子さんがくり返す、いわゆる非行、素行不良、不適応で悩んでいる保護者さんがとても多いようです。翼学院グループでは、このような相談を受けない日はありません。それどころか毎日、複数のご家庭から相談を受けています。翼学院グループに限らず、学校や医療機関、行政にもこのような悩みがたくさん寄せられていると聞きます。

保護者さんの思いや対応を詳しく聞いてみると、許せないけれども責任は取らせないことが多いように感じています。許し信じることは親子に限らず、人間関係の基本です。でも、責任を取ることを学ぶことは、自立した人になるためには不可欠です。幼いうちから責任を学ばないと、他者がなんでも許すのが当たり前という感覚の人に育ってしまいます。だから、同じ過ちをくり返してしまうのです。許し信じることは相互に責任を持つ関係に裏打ちされると思います。

生徒の才能を軽視するよりも、むしろ過大視したほうがよい。その方が生徒を謙虚にするからである。

ゲオルク・ジンメル（ドイツの哲学者）

指導者や周囲の大人がお子さんの才能を過大視したならば、お子さんの心境はどのように移り変わっていくのでしょうか。果たして、謙虚にたどり着くのでしょうか。

例えば、勉強が得意で自分に自信のあるお子さんの場合、勉強で自分の実力以上に過大視されたとしたら、実力を客観的に見ることができるから、過大視された評価と自分の現在の実力との間にギャップを感じることでしょう。だから謙虚になって、過大視された自分に近づこうと努力するか、また僕（私）はその域に達していませんと足場を固めようとすることでしょう。

では、勉強やスポーツなどに強い苦手意識を持っているお子さんだとどうでしょう。苦手意識を持つに至る人格の形成過程に、自他から否定された経験があるため、才能を過大視されると、当初は慰めはやめてくれとか、ばかにしているのかという否定的感情を持つことが推測されます。しかし、大人の側が、具体的にできたことを捉えて褒めつづける、技術的に過大視するのではなく、その子の強みを見つけて心の底から過大視をしつづけることで、苦手意識のあるお子さんは自身に対する否定的感情から自分自身の強みを知り、だんだん強みも弱みも持つ自分を客観的に見つめることができるようになると思います。この、強みも弱みも持つ自分を客観的に見つめることができる、自分自身を客観的に見つめることが謙虚になることだと考えます。謙虚と謙遜は違います。すべてにへりくだっている姿勢は謙遜であって、謙虚ではないと思います。

謙虚を辞書で調べると「素直に他者の意見を受け入れること」「他者に学ぶこと」という内容のことが書かれています。

何でも他者の言いなりになってしまうのは卑屈であって、素直に受け入れることとは異なります。素直に受け入れるためには、自分自身を尊ぶ自尊感情が高い必要があります。その反面、傲慢になって受け入れないのでは、成長することはできません。謙虚であり、強みも弱みも持つ自分を、客観的に見つめることができ、自分に必要なことを素直に受け入れることができることは、じつは学習をするために一番重要な要件なのです。学習にとって一番重要な要件である謙虚な心を作り出すために、指導者や保護者は生徒の才能を軽視するよりも、むしろ過大視したほうがよいとジンメルさんは言っているわけです。

企業で人材育成を行うときにも同様のことが言えると思います。成人はそれまでの経験の積み重ねを多く持っているため、強みも弱みも持つ自分を客観的に見つめることができるようになるのは難しいのですが、上司や周囲がその人の才能を認めつづけることで鎧がはずれて、謙虚になる日が来ることでしょう。謙虚であることは、仕事をするうえでもとても重要です。何度も言いますが、へりくだっていることと謙虚は違います。謙虚は様々な刺激をありのままに受け入れられる心の状態なのです。

母親は息子と友人が成功すると妬む。母親は息子よりも息子の中の自分を愛しているのである。

フリードリヒ・ニーチェ（ドイツの哲学者）

必ずしも「成功すると妬む」とは思いませんが「息子の中の自分を愛している」という感覚は理解できます。息子のなかに自分を見出していると、自分から離れていってしまうことを怖れる。だから、成功を成長に読み替えて、妬むを怖れるに読み替えると、なるほど、と感じる。ちなみに、なぜ「友人」も含まれるのか。この場合は、他人の不幸は蜜の味、他人の幸福は飯がまずい、とは意味が異なると思います。友人は、息子の自分（母親）以外の伴奏者だからです。

「うちの子は勉強をしない」「うちの子は忘れ物が多い」「うちの子はだらしない」など、三者面談を行っていると息子を批判するお母さんが、どこかうれしそうに感じることがあります。手がかかること、手をかけることがうれしい、という感じです。ときとして、無意識のうちに「小さい頃の○○くん」にとどめようとして、成長を阻害してしまっていることもあります。母親の子離れは永遠のテーマであるように感じます。

母親の話だけして片手落ちなので、父親はどうか。父親として自分で息子との関係をふり返ってみると、息子に自分の趣味や考え方を押しつけてしまっているのではないかと反省させられる。例えば、格闘技をすること見ることを強要したり、見たり聞いたりして考えたこと、感じたことに共感させようとしたり。例えば、有名なプロレスラーとプロレスごっこをやっている写真をＦａｃｅｂｏｏｋにアップすると、二百名をこえるたくさんの方から、いいねをいただくが、息子は「何やってるんだよ」って醒めた感じ。ことごとく格闘技を避けて球技をやっている。でも、翼学院の塾生で将来プロレスラーになりたい子は喜んでくれるので、それがうれしくって、その子のためにサインをもらってくる。大晦日のライジンのリングサイドのチケットを取っても一緒に行きたがらないから、格闘技好きの友達と一緒に行く。それでも会話のない家庭になってしまうよりもよいと考えて、話しかけつづけている。ときには一緒に格闘技をやったり、トレーニングをしている。子どもが思春期を迎えると、押しつけと感じると、それから遠ざかろうとする傾向がある。それが健全な自我の芽生えなのかもしれない。

というこことで、一千人以上のお子さんを巣立たせてきた翼学院の芦澤先生でもこんな感じだから、子育てで迷っても、子どもが言うことを聞かなくても、そんなものだと鷹揚に構えていればよいと思います。

母親の子離れ、についても、永遠のテーマではありますが、子離れしないといけないって強迫観念に駆られるのではなく、自分の枠に閉じこめてはいないかって、ときどきふり返る程度でオーケーなのでは。結局、ケセラセラかな。

【著者紹介】

芦澤唯志（あしざわ・ただし）

翼学院グループ代表取締役学院長（第7回日本でいちばん大切にしたい会社大賞実行委員会特別賞・平成28年東京都経営革新奨励賞受賞企業。発達障害児のための進学補習塾、東京都指定児童発達支援・放課後等デイサービス、高卒サポート校のワンストップサービスを提供）
慶応義塾大学SFC研究所上席所員、公益財団法人産業教育振興中央会理事、東京商工会議所本部生産性向上委員など

幼児期よりADHD（注意欠如・多動性障害）や双極性障害を抱え、また虐待を受けて育ち、学齢期には、非行や不登校などの社会不適応で苦しむ。

高校生の頃に自ら編み出した「芦澤式学習法」で早稲田大学政経学部に現役合格・東証一部上場企業の本社で勤務するも、亡父の自殺未遂や2回の離婚、娘との離別などの経験から鬱病を発症して仕事ができなくなり、生活保護一歩手前の状態になる。生きる気力を取り戻すため始めたボランティアを通じて、自らと同じような苦しみを抱えている子供たちやそれを支える保護者を支援するため人生を捧げる決意をして翼学院を創業、「潰れちゃう会社では継続的に社会貢献できない」と考えて経営をしながら国内MBA（日本大学大学院修士）を取得。

現在も自らの障害と折り合いをつけながら現場での指導、経営、また各種団体の役員を務める。キーフレーズは「自他と折り合いをつけて得意なことで生きる」

芦澤先生と読む名言・格言・大迷言！

初版１刷発行●2019年1月30日

著　者
芦澤唯志

発行者
薗部良徳

発行所
㈱産学社
〒101-0061 東京都千代田区神田三崎町2-20-7
Tel.03(6272)9313　Fax.03(3515)3660
http://sangakusha.jp

印刷所
㈱ティーケー出版印刷

ISBN 978-4-7825-3523-3　C1095